Der Christ und das Eigentum

Joseph Hauser 1605

Bibliografische Information der Deutschen Nationalbibliothek:
Die Deutsche Nationalbibliothek verzeichnet diese Publikation in der Deutschen Nationalbibliografie; detaillierte bibliografische Daten sind im Internet über www.dnb.de abrufbar.

© Alexander Basnar, Wien 2017

Titelbild: Aus dem Märtyrerspiegel von Jan Luyken: „Peter Pieters und andere holländische Täufer auf einem Boot"

Herstellung und Verlag:
BoD – Books on Demand, Norderstedt
ISBN: 978-3-7431-6418-5

FDGC Für die Gemeinden Christi

Kontakt: alex.basnar@telering.at; https://hausgemeinde.wordpress.com

Inhaltsverzeichnis

Vorwort des Herausgebers ... 5

1. Gütergemeinschaft ist eine neutestamentliche Lehre ... 10
2. Der Schatz im Acker ... 14
3. Der reiche Jüngling ... 19
   1. Einwand: Das betrifft nur den Jüngling ... 23
   2. Einwand: Der Jüngling wollte zu hoch hinaus ... 30
   3. Einwand: Alles zu verkaufen, meint die Laster ... 33
   4. Einwand: Nur hier wird von „allem" geredet ... 34
   5. Einwand: Wer sind denn die Armen? ... 36
   6. Einwand: Die Reichen dürfen ihren Reichtum sehr wohl besitzen ... 44
   7. Einwand: Erst unter Verfolgungen müssen wir alles verlassen ... 52
4. Almosen und Halljahr ... 64
5. Allem absagen, um ein Jünger zu werden ... 69
6. Jesu eigenes Vorbild ... 70
7. Der Heilige Geist stiftete die Gemeinschaft ... 74
8. Die Apostel bestätigen die Gemeinschaft ... 83
9. Schlussworte ... 89

Vorbemerkung: Joseph Hauser war ein Prediger unter den Schweizer Brüdern.

Er kam aber nach Mähren zu der Gemeinde und wurde zu Neumühl am 9. März, 1594 als Prediger erwählt.

Unser Geschichtsbuch gibt ihm das Zeugnis:

„Er war ein hochbegabter Mann, in hebräischer, griechischer, lateinischer, französischer und deutscher Sprache wohlerfahren."

Andreas Ehrenpreis, der zu der Zeit die ganze Gemein versah, schickte ihn mit noch 73 Personen nach Preußen, um daselbst mit den Mennoniten Gemeinschaft zu schließen.

Sie wollten sich dazu aber nicht schicken, so daß alle wieder nach Mähren zogen.

Dieser Artikel ist auf Menglen in Preußen am 12. August, 1605, von Joseph Hauser geschrieben worden.

Joseph Hauser hat auch zwei Lieder geschrieben, die im Buch „Lieder der Hutterischen Brüder" auf Seite 814 - 815 zu finden sind: *„Jetzt ist die Zeit beikommen"* und *„Mich hat die Lieb gedrungen sehr"*.

Vorwort des Herausgebers

Vorliegenden Text betrachte ich als ein Geschenk, das mir unverhofft zuteil wurde. Lange schon dachte ich über die Gemeinschaft der Güter nach neutestamentlichem Vorbild nach. Viele Schriftstellen habe ich bereits erwogen und mit den lieben Geschwistern unserer Hausgemeinde besprochen. Mehr und mehr entsteht vor uns das biblische Bild der Gemeinde, dem wir nachstreben wollen.

Natürlich ist das mit Ängsten verbunden, mit Einwänden, die ganz natürlich kommen und ernst genommen werden wollen. Doch Gottes Wort wollen wir noch ernster nehmen als alle menschlichen Einwände, denn der Herr sagt: *„Denn meine Gedanken sind nicht eure Gedanken, und eure Wege sind nicht meine Wege, spricht der Herr; sondern so hoch der Himmel über der Erde ist, so viel höher sind meine Wege als eure Wege und meine Gedanken als eure Gedanken."* (Jes. 55,8-9) Wenn wir unsere Fragen, Sorgen und Einwände nämlich *zu ernst* nehmen, indem wir sie dazu gebrauchen die absoluten und herausfordernden Worte unseres Herrn Jesus abzuschwächen oder gar außer Kraft zu setzen, dann folgen wir nicht mehr dem Heiligen Geist, sondern dem menschlichen Vorstellungsvermögen. Das aber ist nichts anderes als blanker Unglaube.

Wir nehmen also unsere Sorgen und Einwände nur dann *recht ernst,* wenn wir sie als Feinde des Glaubens wahrnehmen, als Unkraut, welches die gute Saat erstickt oder als Raben, die den

Samen aufpicken. Als Abraham den Bund mit Gott schloss, lesen wir daher: *„Da stießen die Raubvögel auf die toten Tiere herab; aber Abram verscheuchte sie."* (1.Mose 15,12) So sind die Einwände in rechter Weise ernst genommen. Wie aber verscheucht man Sorgen und Zweifel? Mit dem Wort Gottes, an dem wir im Glauben umso entschlossener festhalten, je mehr der Wind des Unglaubens uns verwehen will.

Joseph Hauser, ein hutterischer Prediger des 17. Jahrhunderts hat sich mit vielen Einwänden biblisch auseinandergesetzt. Warum ist dieses Büchlein nun ein solches Geschenk für mich? Weil er viele Stellen, die auch mir bereits aufgefallen sind, auslegt und zu denselben Einsichten kam wie ich. Aber ich bin eher zu nachsichtig, eher zu geduldig, und das gibt dem Fleisch Raum, indem der Gehorsam mehr und mehr verzögert und verschleppt wird. Bruder Hauser lehrt mit Nachdruck und Eifer. Das ist unbequem für das Fleisch, aber ein heilsamer Ansporn für alle geistlich gesinnten Christen.

Ich habe den Text in seiner altertümlichen Fassung belassen, mit wenigen Anpassungen um der Verständlichkeit Willen. Das zwingt zu einem langsameren Lesen und gründlicherem Nachdenken. Das soll mit Ehrfurcht geschehen, denn wir haben hier ein Zeugnis aus einer Märtyrergeneration vor uns, ein Buch, für dessen Inhalt die Glaubenszeugen mit ihrem Blut einzustehen bereit waren. Viele hutterische Sendboten (Missionare) ließen dafür auf grausamste Weise ihr Leben.

Du fragst vielleicht, wer die Hutterer waren. Das alles darzulegen, sprengt den Rahmen des Vorwortes, doch so viel sei gesagt: Im Jahr 1525 trennte sich von der Schweizer Reformation (Huldrych Zwingli) eine Gruppe von Christen, die es nicht länger erdulden konnten, dass um des gesellschaftlichen Friedens willen, der Reformator mehr und mehr zu Kompromissen neigte. Weiterhin wurde die lateinische Messe gelesen, obwohl Zwingli lange erkannt hatte, dass dies unbiblisch sei. Weiterhin wurden die Bilder in den Kirchen geduldet, obwohl er aus der Bibel erkannte, dass diese keinen Platz im Gottesdienst haben dürfen. Weiterhin wurden unmündige Kinder getauft, der Kirchenzehent eingetrieben, der Dienst mit dem Schwert gut geheißen … obwohl Zwingli und seinen Bibelschülern klar wurde, dass all das reformiert werden müsse. Allein der Rat von Zürich lehnte um des gesellschaftlichen Friedens willen diese radikalen Schritte ab. Zwingli wurde in die Kompromisse vielleicht hineingezwungen – aber doch nur, weil er nicht zugeben wollte, dass Staat und Kirche getrennt werden müssen. Einem Teil seiner Bibelschüler genügte das nicht mehr; sie begannen einander neu zu taufen und eine Gemeinde zu gründen, die allein nach neutestamentlichen Vorbild verfasst sein sollte.

Von Beginn an war in der sogenannten Täuferbewegung neben der Friedfertigkeit, der Glaubenstaufe, der Absonderung von der Welt auch die Gemeinschaft der zeitlichen Güter ein wichtiges Thema, wie bereits die ältesten Gemeindeordnungen zeigen (z.B. Schweizer Ordnung 1529). Wolfgang Brandhuber, ein Täufer aus Linz, lehrte die Gütergemeinschaft in einem

Brief; er wurde jedoch mit 70 anderen um 1528 in Linz verbrannt, ehe er es umsetzen konnte. So sehr tobte die Verfolgung in der Schweiz, Tirol, Süddeutschland und Österreich, dass es schwer war, gesunde Gemeinden zu gründen und das christliche Leben in Gemeinschaft zu etablieren. Erst in Mähren, wohin viele flohen, weil es dort mehr Toleranz gab, gelang es **Jakob Hutter** um 1530 die Gemeinde zu stabilisieren und ihre eine gesunde Ordnung zu geben, nach der die Nachkommen dieser Gemeinde im Wesentlichen noch heute leben: die Hutterer bzw. die hutterischen Brüder.

Unter allen anderen historischen Täufergemeinden, zu denen auch die Mennoniten und Amischen gehören, haben alleine die Hutterer diese Form der Gütergemeinschaft in einem gemeinsamen Wohnen und Arbeiten verwirklicht. Es mag von außen betrachtet das anspruchsvollste Gemeindemodell sein; ein Mennonit mit Privateigentum mag man leichter werden. Doch die Aussagen des Herrn Jesus begnügen sich nicht damit, ein bisschen zu geben, und den Rest zu behalten. Er ruft uns auf, allem abzusagen, was wir haben (Luk. 14,33). Keine andere Gemeinderichtung nimmt diese und andere Worte des Herrn so ernst wie die hutterischen Brüder.

Das fällt auch in diesem Buch auf: Alles wird von den Worten Jesu her begründet. Die Geschichte vom reichen jungen Mann wird ohne Abstriche ernst genommen. Das Gleichnis vom Schatz im Acker hinterfragt nachdrücklich, ob wir tatsächlich so erfüllt von Freude über den Schatz sind, dass wir alles dafür geben. Teils überraschend, aber nichtsdestotrotz überzeugend legt Hauser uns diese und viele andere Stellen aus und geht dabei auf viele Einwände ein, die auch in unseren Herzen aufkeimen, wenn wir mit diesen Herausforderungen konfrontiert werden.

Ein Schlüsselwort will ich zu Beginn erläutern, denn es ist notwendig, um den hutterischen Zugang zur Gütergemeinschaft nachempfinden zu können: **Gelassenheit**. Gelassenheit meint heute eher einen apathischen, entspannten Zustand. Im hutterischen Sprachgebrauch aber meint es ein Loslassen, ein Losgelöst Sein von den Dingen der Welt, von den Sorgen, von sich selbst. Wahrhaft gelassen ist, wer nicht mehr an den Dingen der Welt hängt, wer nicht mehr den Eigennutz sucht, dem die Ehre Gottes und der Nutzen für den Nächsten mehr gilt als die eigene Ehre und das eigene Leben. Das aber nicht apathisch, sondern in einer geistlichen „Vergnügtheit", einer tiefen Freude über diesen Schatz.

Habe ich diese Freude? Hast du sie? Ohne diese Freude werden Dir die folgenden Seiten fremd, unverständlich, radikal, sektiererisch, utopisch und grundfalsch vorkommen. Bist du jedoch erfüllt von dieser Freude, dann wird mit jeder Seite des Buches dein Herz erwärmt, dein Mut gefestigt, dein Wille entschlossener, deine Dankbarkeit tiefer, dein Staunen größer, deine Liebe zu Gott, dem Herrn Jesus und Seiner Gemeinde reiner und wahrer.

In diesem Sinne empfehle ich dieses Büchlein unseres lieben Bruders Joseph Hauser der Gemeinde Gottes heute zur

Nachahmung und Verwirklichung zur Ehre unseres großen Gottes. Amen.

1. Gütergemeinschaft ist eine neutestamentliche Lehre

Daß die Gemeinschaft der zeitlichen Güter eine Lehr des Neuen Testaments sei und von allen Gläubigen erfordert werde

Eingang des Schreibens, daß man die Gebote Christi soll halten zur Seligkeit. Darunter die Gemeinschaft auch gehört, und doch gar verachtet werde. Was die Gemeinschaft sei und wie in diesem Schreiben davon soll gehandelt werden.

Es ist ein großer Schatz und edles Kleinod um das ewige Leben, welches Gott geben will denen, die ihn lieben. Darum man billig alles tun soll. Wer das erlangt, dem kann nichts Böses widerfahren, und wer das einmal versäumt, der kann den Schaden ewiglich nicht wieder gutmachen. Der Weg, der dazu führt, ist schmal, spricht Christus und sind ihrer wenige, die ihn finden (Matth. 7,14). Es sind zwar viele Menschen, die danach trachten, daß sie hineinkommen, und werden es doch nicht tun können (Luk. 13,24). Und das allein ist die Ursache: daß sie nicht auf dem schmalen Weg wandeln wollten, der einzig und allein dazu führt. Das ist, daß sie die Gebote Gottes, die uns Christus gelehrt hat, nicht halten. Denn welche sie halten, die werden das Kleinod erlangen, und welche sie nicht halten, die haben sich Christo nicht zu rühmen, da ja erst diese Christum erkennen, die seine Gebote halten (1. Joh 2,4).

Daß aber die elenden Menschen die Gebote Christi nicht halten, daran ist ihre eigene Bosheit schuld. Etlichen geschieht es darum, weil sie dieselben aus Bosheit ihrer Herzen nicht verstehen, und ob es ihnen schon gesagt wird, so fällt der Same doch nur auf den Weg, und es kommt der Satan und nimmt's hinweg. Etliche aber, ob sie die Gebote gleich wohlverstehen, so halten sie die aus Bosheit ihrer Herzen nicht. Der schmale Weg treibt sie ab. Diese erschreckt die Trübsal, die man darum erdulden soll. Da fällt der Same in das Steinige, bekommt nicht Wurzeln, und der Sonne Hitze macht's welk und dürr. Sie erschreckt die Gelassenheit,[1] und mögen den betrügerischen Reichtum, Wollust dieser Welt und Lebens und Sorge der Welt nicht übergeben; auch, wenn sie den Weg schon wissen, so ist er ihnen doch zu schmal.

Was soll es nun aber mit diesen allen werden? In Luk. 12 lehrt Christus, das der Knecht, der seines Herren Willen weiß und sich nicht bereitet hat, auch nicht nach seinem Willen getan, der werde viel Schläge leiden müssen. Der es aber nicht weiß und hat getan, das der Schläge wert ist, wird wenig Schläge leiden. Hieraus ist gut zu sehen, daß ein jeder, der da will selig werden, die Gebote Christi wissen, und so er sie weiß, auch tun muß. So ihr solches wisset, sagt der Herr, seid ihr selig, so ihr's tut. Nun aber werden viele Menschen durch Betrug der Sünden verführt, und das darum, weil sie wissen, daß man die Worte

---

[1] Gelassenheit = das Loslassen u.a. vom Besitz, aber auch von den Sorgen und vom Selbst

Christi zur Seligkeit tun soll, so tun sie es und unterlassen doch etwas, und machen sich selbst einen Trost um das, was sie tun, und nicht einmal Sorgen um das, was sie nicht tun. Den fleischlichen Menschen ist wohl mit dem Betrug, die gerne selig sein wollen, und es doch nicht gerne darum tun, wie es sich gehört. Aber die List wird ihnen nicht helfen, ihre Hoffnung wird ihnen fehlen. Denn Petrus lehrte uns in Mose, daß man den großen Propheten Christus in allem, was er uns sagt, hören soll, und wer das nicht tut, dessen Seele soll vertilgt werden (Apg. 3,22-23).

Paulus will, daß wir in allen Stücken an dem, der das Haupt ist, Christus, wachsen sollen (Eph. 4,15). Jakobus spricht, wer das ganze Gesetz hält und sündigt an einem, der sei am Ganzen schuldig (Jak 2,10). Christus der Herr erfordert die höchste Treue auch im Geringsten, und wer im Namen Christi schon etwas, ob es auch kräftige Taten wären, getan habe—wenn er übertritt und nicht in der Lehre Christi bleibst, so hat er Gott nicht und Christus kennt ihn nicht, sondern wird sagen: Weicht von mir, ihr Übeltäter (Matth 7,22). Darum warnt Paulus in Gal. 6,7 und sagt. Irrt euch nicht, Gott läßt sich nicht spotten.

Unter den Geboten aber unseres Herrn Jesu Christi, deren man nicht achtet, sondern spricht und dagegen handelt, ist sonderlich die Gemeinschaft. Die ist bei manchen, auch die sich Brüder und Schwestern des Herrn nennen, sogar in Vergessenheit gekommen, sogar verachtet und verhaßt, daß man sie nicht allein für eine fremde Lehr ansieht, sondern noch spöttisch verlacht, sie als ein Greuel anfeindet und dagegen kämpft.

Ich verstehe aber hier bei dieser Gemeinschaft nicht, daß man nur, wenn man etwas übrig hat, gibt, und das meiste behält, wie es auch vorhin unter dem Gesetz geschehen, und die Reichen es noch in aller Welt tun (der eine mehr, der andere weniger). Der Gemeinde Brauch ist, besonders die Gemeinschaft, von der wir reden, daß man sich alles des, was man hat, entledigt, das Herz davon reinigt und zum gemeinsamen Nutzen der Heiligen freiwillig und fröhlich hingibt; wie das vollkommene Gesetz des Geistes, das Evangelium, vermag und den armen Witwen (Mark 12) samt andern mehr zukommen läßt, wie es bei allen Gläubigen zu Jerusalem Brauch war.

Diese Gemeinschaft, sage ich, wird geflohen, gehaßt und bekämpft, gleich, als wenn im Evangelium kein Wort davon geschrieben wäre. Ja, als wenn sie das Evangelium zu fliehen, zu hassen und es zu widersprechen befolgen und das Eigentum zu halten gebieten, wo doch nicht bald ein Artikel christlicher Religion im Evangelium reichlicher und ernstlicher getrieben wird. Der eine spricht, sie sei ein Menschengebot; der andere sagt, sie sei eine Sklaverei und Menschenzwang; der dritte nimmt sie als eine Gemütsverführerei und viele warnen jedermann davor. Lassen es nicht genug sein, daß sie dasselbe nicht tun, sondern wehren es mit aller Macht ab von denen, so es tun wollen. Es muß die Weisheit auch von ihren Kindern also gerechtfertigt und verspottet werden, daß auch viele guten Gemüter dadurch solches verlästern und eine Abscheu davor bekommen und sich vor einer Verführung hüten.

Deshalb habe ich mir vorgenommen, mit diesem einfältigen Schreiben aus Gottes Wort etwas dazu zu tun, den Liebhabern der Wahrheit zur Unterrichtung, den Verächtern aber ein Zeugnis, daß die Gemeinschaft eine Lehre der evangelischen Vollkommenheit sei, die im Neuen Testament von allen Gläubigen erfordert werde; welche Christus, da er auf Erden war, selbst reichlich gelehrt und auch selbst gelebt hat, und nachdem er durch die gerechte Hand Gottes erhöht war, vom Himmel durch seinen Heiligen Geist verordnet und aufgerichtet und durch seine Apostel unterhalten, und die Gläubigen angewiesen habe.

2. Der Schatz im Acker

Christus habe Gemeinschaft in Matth. 13 gelehrt

Soviel nun das erste anbelangt, daß Christus, der Herr, die Gemeinschaft selbst gelehrt habe. Obwohl es an vielen Orten und Enden geschehen, will ich es doch sonderlich nur mit vier Schriften des Evangeliums erklären und hierbei auch viele andere Sprüche einführen. Nicht allein zur Bestätigung und Erläuterung, sondern auch als Hinweis, daß ein jeder fleißige Leser daraus erkennen soll, daß die Gemeinschaft vielfältig und auf mancherlei Weise vom Herrn Jesus angegeben worden ist. Der erste Spruch, damit Christus die Gemeinschaft gelehrt hat, nehme ich aus dem 13. Matth. Kapitel, da der Herr also spricht:

„Das Himmelreich ist gleich einem verborgenen Schatz im Acker, welchen ein Mensch fand, verbarg ihn und ging hin vor Freuden über denselben, verkaufte alles, was er hatte und kaufte den Acker."
(Matth 13,44)

Hier lehrt Christus ganz klar die freie Hingabe der Güter, welches dann die wahre Gemeinschaft ist. Sonderlich mit den Worten, die er spricht daß der Mensch vor Freuden über den Schatz hinging, alles verkaufte, was er hatte und kaufte den Acker. Die Bedeutung der ganzen Rede ist also, daß der allerteuerste Schatz nicht jedermann bekannt ist, sondern ist ein Geheimnis Gottes, der Gemeinde Christi beigelegt, welcher denen, die zum Glauben geschickt nicht um ihrer Werke willen und der Gerechtigkeit, die sie getan haben, sondern aus Gnaden, ohne Verdienst gleichwie gefunden, eröffnet sei. Welchen sie auch hoch und teuer achteten und nicht den Hunden und Säuen vorwarfen, sondern in ihrem Herzen wohl bewahrten, und deswegen vor Freude, und nicht aus Zwang oder Traurigkeit, wie es die Fleischlichen an sich haben, hingehen und sich bereiten, denselben zu überkommen auf solche unberühmte Weise, daß sie sich all ihrer Güter wider alle Natur gänzlich abtun und den Preis, oder Wert des Ackers, der Gemeine Christi aus Liebe zum allgemeinen Nutzen übergeben.

Diese erzählte Bedeutung der Worte Christi kommt in vielen gleichlautenden Schriften vor und ist auch an sich selber leicht zu sehen, wenn nur das Auge einfältig und man dem Eigentum nicht so ganz ergeben ist. Aber der Gott dieser Welt verblendet aller Sinn und macht ihre Augen schalkhaftig, daß es ihnen gar finster ist und sie mit sehenden Augen nicht sehen noch mit hörenden Ohren nicht hören noch mit verständigen Herzen nicht verstehn. Deshalb ist ihr Herz mit Geiz durchtrieben und hantiert mit erdichteten Worten, diese Lehr anders zu deuten, damit sie der Gemeinschaft, welche ihnen ein Zwang wäre, entrinnen, und bei dem Eigentum, welches ihrem Fleisch eine

Freiheit ist, verbleiben mögen. Und sagen, daß bei dem „Verkaufen alles, was man hat", nicht die Verlassenschaft aller zeitlicher Güter zu verstehn sei, sondern es werde damit gelehrt, daß man alle Laster meiden und verlassen solle. Lieber, laßt uns doch bedenken, wie sich diese Auslegung reimen will und ob sie mit andern dergleichen Worten, die sonst in der Heiligen Schrift stehn, übereinstimmt, denn diese Auslegung hat wohl eine Gestalt und Schein der Weisheit, dienet aber den Menschen zum Schaden. Aus diesem Mißbrauch entspringt, daß sie die Gemeinschaft Christi verdunkeln wollen. Wer aber zu hart im Eigentum verstrickt ist und die Heilige Schrift mit einfältigen Augen ansieht, wird es wohl finden, was der Satan mit dieser Auslegung meint. Daß aber diese Auslegung nicht Grund habe, ist daraus offenbar, wie folgt: Erstlich, daß im ganzen Neuen Testament nirgends an einem Ort mit den Worten gesagt ist, sondern allwegs, wie sie selbst lauten, die zeitlichen Güter bedeuten. Sehe man diese Stellen darum an Mark. 10, 21; Luk. 12,33; Apg. 2,45.

Zum andern, daß es keine Geschicklichkeit geben will, daß man diese Worte „Verkaufe alles, was man habe und den Acker kaufen" auf die Laster beziehen will. Denn wer soll hier in diesem Gleichnis der Käufer sein? Wer will einem um einen Haufen Laster was geben, daß er den Acker kaufe? Ist es Gott der Herr? Das sei fern. Er begehrt keine Laster zu kaufen, und ist ihm alles gottlose Wesen viel zu feindlich. So tut es der Satan noch viel weniger, denn er begehrt die Laster niemand abzunehmen. So kann er auch nichts geben, daß man den Schatz dafür bekommen möchte. Oder sollen wir mit den Sünden und Lastern ein Geschäft machen? Wie der Antichrist seinem Haufen Ablaßbriefe dafür gibt, die man danach, so man zu der Himmelspforte kommt,² Petrus zeigen und dafür das ewige Leben bekommen soll? Weg mit solcher Geschäftemacherei!

Zum dritten hat es im Neuen Testament viele Sprüche, nach welchen diese Worte, ohne gewählt, wohl mögen und sollen verstanden werden. Der Spruch, den der Herr redet in Luk. 16,9: *„Machet euch Freunde mit dem ungerechten Mammon, auf daß, wenn es euch gebricht, sie euch aufnehmen in die ewigen Hütten"*, kommt mit diesem Sinn wohl überein Desgleichen die Lehr in Matth. 19,21, die Christus dem reichen Jüngling gibt, daß, wenn er schon alle Gebote gehalten hat und wolle vollkommen sein, solle er hingehen und alles verkaufen, was er habe und es den Armen geben; so werde er einen Schatz im Himmel haben. Ist es doch ganz und gar einerlei Meinung und schier einerlei Worte.

Ebenso sagt der Herr: *„Gebt die Habe (etliche griechische Texte sagen, gebt alle Habe) als Almosen. Siehe, so ist's euch alles rein."* (Luk. 11,41) *„Ein jeglicher unter euch, der nicht absagt allem, was er hat, der kann mein Jünger nicht sein."* (Luk 14,33) Mit diesen Schriften sollen diese Worte ungezwungen füglich und wohl ausgelegt werden.

---

² Die römische Kirche (der Antichrist bzw. die babylonische Hure) verkaufte tatsächlich um klingende Münze Ablassbriefe, welche die Seelen aus dem Fegefeuer freikaufen sollten. Dieser Skandal war der Anlass für Luthers 95 Thesen, welche die Reformation begannen.

Zum vierten. So haben wir auch hierüber den allergewissesten Ausleger, den Geist der Wahrheit, auf den es Christus alles gegeben hat, wie er es in den Geschichten der Apostel ausgelegt und gelehrt hat. Er erinnert auch alle Gläubigen in Jerusalem, wie sie es verstanden und sich danach angestellt haben, welches uns billig genug sein sollte, daß nicht alles falsch sein kann, daß diese Leute die Worte nach den obengenannten Schriften und Exempeln der Heiligen nicht ausgelegt haben wollen, sondern ihnen viel lieber einen andere Bedeutung Satans lehren, der doch unerwünscht ist und ihnen, die Schrift auf solcher Art zu reden, überall zuwider ist. Ist deshalb der Wahrheit der Schrift, des Heiligen Geistes Auslegung und dem Verstand der Gemeinde Gottes zu Jerusalem gemäß, daß Christus mit diesen Worten die fröhliche Verlassung und Darreichung aller zeitlichen Güter, das ist die Gemeinschaft, gelehrt habe.

Doch wenn wir schon hierin zugeben (wider die einfältige Wahrheit), daß mit diesen Worten (alles verkaufen, was man hat,) die Meidung der Laster möchte verstanden werden, so soll diese Schrift nicht destoweniger sich soweit erstrecken, daß sie der Gemeinschaft kräftig, doch nicht so klärlich dienen soll; denn, so hiermit alle Laster zu verlassen gelehrt wird, so würde die Wurzel des Geizes, samt allen Übeln die aus ihr erwachsen, auch müssen verlassen sein. Alsdann könnten in der Gemeinde Christi kein Eigennutz noch Eigenliebe, keine Reue noch Wucher, keine Sorge der Welt noch Sorge um Nahrung, keine Schulden noch Erbteilung, keine List des Fleisches noch irdische Sinnlichkeit geduldet werden (Röm. 13; Luk. 12). Denn aus dieser Wurzel wachsen dicke Übel und andere noch viel mehr, die alle sollen verlassen sein. Wo bleibt denn nun das Eigentum? Wo bleibt der Dienst des Mammons?

Die Gemeinschaft, die eine Ausmerzerin solcher Laster ist, würde also bald überhand nehmen und dein Reich fallen müssen. Wie würde abermals mancher Eigennütziger hiermit, wie der reiche Jüngling, betrübt sein. Der Erbteiler, als ein Geiziger, müßte sich verkriechen, der nur von dem Übrigen etwas einlegt, würde beschämt, und keiner wäre dem andern etwas schuldig, denn Liebe. Jedermann suchte nicht das Seine, sondern des Nächsten Nutzen und würde also die Gemeinschaft in völligen Schwung getrieben und das Eigentum würde sich verlieren. Denn die Freude über diesen teuren Schatz und die Liebe des Nächsten macht, daß man vor Freuden alles zeitliche Eigentum nicht mehr achten, sondern alles was man hat aus Liebe zum Nächsten dargeben würde. Deswegen ist dieser Spruch ihnen allwegs zur Bestätigung der Gemeinschaft ganz dienlich. Daß aber die Kinder dieser Welt sich hier nicht wie diese Menschen freuen, sondern nur unmutig werden, möchte das die Schuld sein, daß sie entweder den Schatz an seinem Ort noch nicht fanden, oder so sie ihn gefunden haben, doch den Schatz auf Erden mehr lieben und deshalb nicht wert sind, Jünger Christi zu werden?

3. Der reiche Jüngling

Christus lehrt die Gemeinschaft gegenüber dem reichen Jüngling und werden auch viele Gegenwürfe beantwortet

Das war der erste Beweis, damit Christus die Gemeinschaft gelehrt hat. Jetzt will ich den andern auch vorbringen. Der steht in den Reden, die Christus der Herr mit dem reichen Jüngling gegenwärtig und danach mit seinen Jüngern, in Abwesenheit des Jünglings, gehalten hat.

Erstlich will ich den Text aus den drei Evangelien von Wort zu Wort samt einer kurzen Umschreibung verzeichnen und danach mancherlei Gegenwürfe mit Gottes Wort beantworten. Der Text lautet also: Matth 19; Mark. 10; Luk. 18.

„Und es fragte ihn ein Oberster und sprach: Guter Meister, was muß ich tun, daß ich des ewige Leben ererbe? Jesus aber sprach zu ihm: Was heißest du mich gut? Niemand ist gut, denn der einige Gott. Du weißt ja die Gebote: Du sollst nicht ehebrechen, du sollst nicht töten, du sollst nicht stehlen, du sollst nicht falsches Zeugnis reden, du sollst niemand betrügen, ehre deinen Vater und deine Mutter. Er aber sprach zu ihm: Das habe ich alles gehalten von meiner Jugend auf, was fehlt mir noch? Und als Jesus ihn angesehen hatte, liebte er ihn und sprach zu ihm: Es fehlt dir noch eines, willst du vollkommen sein, so gehe hin und verkaufe alles, was du hast, und gib es den Armen. So wirst du einen Schatz im Himmel haben, und komm, und folge mir nach, und nimm dein Kreuz auf dich. Da der Jüngling das Wort hörte, war er traurig und unmutig und ging betrübt von ihm, denn er hatte viele Güter und war sehr reich.

Da aber Jesus sah, daß er traurig wurde, sah er um sich und sprach zu seinen Jüngern: Wahrlich, ich sage euch, wie schwer werden die Reichen ins Himmelreich kommen. Die Jünger aber entsetzten sich ob seiner Rede. Aber Jesus antwortete wiederum und sprach zu ihnen: Liebe Kinder, wie schwer ist es, da sie ihr Vertrauen so auf

Reichtum setzen, ins Reich Gottes zu kommen. Es ist leichter, daß ein Kamel durchs Nadelöhr ginge, denn daß ein Reicher ins Reich Gottes komme. Sie entsetzten sich aber noch viel mehr und sprachen untereinander: Ei, wer kann dann selig werden?! Jesus aber sah sie an und sprach: Bei den Menschen ist es unmöglich, aber nicht bei Gott, denn alle Dinge sind möglich bei Gott.

Da antwortete Petrus und sprach: Siehe, wir haben alles verlassen und sind dir nachgefolgt. Was wird uns dafür? Jesus aber sprach: Wahrlich, ich sage euch, die ihr mir in der Wiedergeburt seid nachgefolgt, daß des Menschen Sohn auf dem Stuhl seiner Herrlichkeit sitzen wird, so werdet auch ihr sitzen auf zwölf Stühlen und richten die zwölf Geschlechter Israels. Wahrlich ich sage euch, es ist niemand, so verläßt Häuser, Brüder, Schwestern, Vater, Mutter, Weib, Kind oder Acker um meinetwillen, oder um des Evangeliums willen, der es nicht hundertfältig empfange jetzt in dieser Zeit, und in der zukünftigen Welt das ewige Leben. Aber viele werden die Letzten sein, die die Ersten waren und die Ersten sein, die die Letzten waren."

Das war der Text. Die Umschreibung desselben vermag, daß hier Christus klärlich die Gemeinschaft lehret, nämlich, daß ein jeder, der nach der Vollkommenheit des Neuen Testaments ein Jünger Jesu sein will, wenngleich er sonst alle Gebote gehalten hätte, noch eines zu tun schuldig sei, nämlich, daß er hinginge und alles verkaufe, was er hat und gäbe es den Armen. So werde er einen Schatz im Himmel haben, und also soll er das Kreuz auf sich nehmen und Christi in Gelassenheit nachfolgen.

Und dieweil es die, die von dieser Welt sind, erschrecket, daß sie alles verkaufen und den Armen geben sollen, und also unter dem Kreuz Christi Nachfolger sein sollen, so spricht der Herr darum, daß die Reichen schwerlich ins Reich Gottes kommen. Denn ihr Herz und Vertrauen hingen zu sehr an dem Schatz dieser Erde. Darum wird ihr Reichtum sie vor der engen Pforte zum Kamel machen und der Weg zum Leben ihnen ein Nadelöhr werden.

Die Jünger entsetzten sich darüber sehr und gedachten, wenn alles verkauft und den Armen gegeben werden sollte und unter dem Kreuz Christi nachfolgen, daß wenige solches tun würden, und sprachen deshalb: Ei, wer kann dann selig werden? Darauf zeigt Jesus ihnen an, daß die Menschen solches wider ihre Art und Natur nicht von sich selbst können, aber wenn Gott ihnen den vortrefflichen Schatz im Acker werde offenbaren, so werden etliche vor Freude über diesen Schatz hingehen und alles, was sie haben, wohl verkaufen und den Armen geben können.

Die Jünger aber, die nicht verkauft hatten, sondern ihre Güter nur verlassen und dem Herrn zum Besten überlassen hatten, bekümmerten sich deswegen und fragten den Herrn durch Petrum, ob sie dafür auch einen Trost haben könnten, daß sie nicht verkauften, sondern nur alles dem Herrn zum Besten verlassen haben. Darauf gibt Christus ihnen einen solchen Bericht, daraus sie wohl verstanden, daß es ein Ding sei, ob einer sein Gut verkaufe und das Geld zustelle, oder ob er es unverkauft also zum allgemeinen Gebrauch auch verlasse und übergebe. Er deutet die Sache hier noch weiter, als nur auf das zeitliche Gut, daß man mitnichten des, das auf Erden ist, gesonnen sei.

Wer sich nun der fleischlichen Liebe abtun werde, der soll hundertfältige Ergötzung, hier eine Zeit mit Verfolgungen, dafür bekommen, der Gemeinde Liebe zu erweisen. Dabei viel mehr Lieblichkeit in den Herzen der Frommen sein mag, als in derer, die im Eigentum sind. Zum Schluß sagt er, man solle nicht anders denken, obwohl hundefältige Ergötzungen auch hier in der Zeit zu empfangen sind ... Dieses ist der Text und sein Sinn mit kurzen Begriffen.

Allhier gebraucht sich nun der Mammon in seinen Kindern gewaltiglich, diese Lehr Christi von der Gemeinschaft zu verdunkeln und zu verdrehen, und spart sich hierin keinen Weg, dieses Zeugnis an vielen Orten anzutasten, auf mancherlei Weise zu verkehren und diesen Grund Christi umzustoßen. Versucht an allen Enden und Wörtlein, wo sich wenigstens nur etwas ansehen läßt. Ich will deswegen die häufigsten Einwände erzählen und beantworten, in der guten Hoffnung, daß der ganze Handel mehr offenbar und verständiger werden soll.

1. Einwand: Das betrifft nur den Jüngling

Diese Lehre Christi betrifft alleine den Jüngling und nicht alle Gläubigen

Erstlich sagen die Liebhaber des Eigentums, daß diese Worte, die Christus zu dem Jüngling geredet hat, sich nicht weiter, denn auf den Jüngling beziehe, und dafür nennen sie drei Ursachen. Die eine nehmen sie aus dem Text weil Christus diesen Befehl ganz allein auf den Jüngling richtet. Darum binde er auch niemand, denn den Jüngling.

Antwort: So das in der Heiligen Schrift gelten sollte, daß, wo eine Rede auf eine besondere Person abgeht, und sie sonst auf niemand anders, denn nur auf dieselbe sollte bezogen werden, daraus würde viel Ungerühmtes und Unchristliches folgen. Zumal die Heilige Schrift oftmals einen allgemeinen Sinn darin pflegt, auf eine besondere Person zu reden. Wie denn auch eben in diesem Gespräch Christus mit den zehn Geboten gegen den Jüngling redet. Du sollst nicht ehebrechen, du sollst nicht töten, du sollst nicht stehlen. Sollte diese Rede denn niemand angehen, als nur den Jüngling allein, weil sie auf ihn geht? Welche Greuel würden nur daraus folgen, nämlich, daß sonst jedermann ehebrechen, töten, und stehlen dürfe; Vater und Mutter zu ehren und den Nächsten, wie sich selbst zu lieben, nicht schuldig wäre. Christus sagt zum Gelähmten, den er bei Bethsaida gesund gemacht hatte: Sündige fortan nicht mehr. Sollte es nur ihn allein angehen, dieweil die Worte auf ihn gerichtet sind? So müßte sonst jedermann gute Erlaubnis haben zum sündigen. Paulus sagt zu Philippi, dem Kerkermeister: *„Glaube an den Herrn Jesum Christum."* Sollte darum, um solcher Art zu reden, dazu niemand verpflichtet sein, als der Kerkermeister? Und also an unzählbaren andern Orten mehr. Es ist nicht wert, daß wir diesen Gegenwurf länger beantworten.

Die andern zwei Ursachen werden nicht im Text gefunden, sondern sind aus eigenem Gutdünken erdacht. Und die sind auch ungerühmt, denn erstlich sagen sie, Christus habe ihn zu einem Apostel oder Evangelisten machen wollen.

Antwort: Es ist ganz unglaublich, und aus keinem Wahrzeichen zu merken, daß Christus ihm habe das Lehramt vertrauen wollen. Denn wie soll sich das reimen, daß der Herr einen solchen zum Apostel habe verordnen wollen, den er doch wohl gekannt, Joh. 2,25, wie er doch wußte, was für ein Mensch er war (Mark. 8), daß er noch nicht willens gewesen war, nur sein einfacher Jünger zu werden. Und wenn dem schon also wäre, das doch ungerühmt ist, daß der Herr ihm das Evangelium zu predigen hätte befehlen wollen, so redet doch Christus diese Lehr mehr auf einen Apostel, als auf alle die, so den Schatz im Himmel haben, oder das ewige Leben erben sollen, wie hernach besser erscheinen soll.

Darnach erdenken sie auch ohne Schrift, da sie vorgeben, der Jüngling habe sich zu viel gerühmt. Darum rede der Herr diese Worte allein gegen ihn, daß er ihm seinen Ruhm damit niederlege, daß der Jüngling sich zu viel gerühmt oder gerechtfertigt habe. Das ist ohne Grund, das Gegenteil ist erwiesen, nämlich, daß dieser Jüngling nach dem Gesetz unsträflich wandelte, wie andere mehr getan haben, wie Zacharias, Elisabeth (Luk. 1,6) und Paulus (Phil. 3,6). Denn der Herr sah ihn an und liebte ihn, oder wie die Züricher dolmetschen: *„Und mit Freundlichkeit sprach er zu ihm: Es fehlt dir noch eines."* Diese Worte zeigen viel mehr, daß er mehr einen Gefallen, als einen Ungefallen an ihm hatte, und daß er ihn jetzt vom Gesetz auf die Vollkommenheit des Evangeliums nach seiner Gewohnheit führen wolle. Und ob sich der Jüngling schon hätte zu viel dünken wollen, so kann doch das nicht wahr sein, daß Christus seine Rede dahin richtete, daß er den Ruhm des Jünglings umstoße. Denn wie hätte ihn Christus den Ruhm mit dem umstoßen wollen oder können, des sich der Jüngling nicht gerühmt hat und das auch im Gesetz nicht befohlen war. Hätte Christus nicht viel mehr dem Jüngling andeuten müssen, so er ihm den Ruhm hätte wollen umstoßen, worin er sich zuviel gerühmt habe und womit er das Gesetz übertreten? Gleichwie der Herr dem samaritischen Weibe deutlich anzeiget, daß der Mann, den sie nun habe, nicht ihr Mann sei.

Zum andern begeht man hiermit auch eine große Vermessenheit, daß es eine Schande und Greuel ist, daß man Christum beschuldigt, als wenn der den Jüngling nur mit ergebenen Worten umgetrieben hätte und sage ihm von einer Sache, die ihm noch fehlte, und davon die Vollkommenheit, Stunde und der Schatz im Himmel abhinge, und wäre doch diesem allem in Wahrheit nicht so; es fehlte darum nicht an Vollkommenheit, Stunde noch Seligkeit darin. Lieber, wo hat sich der Herr irgend solcher Leichtfertigkeit mehr gebraucht, wie ihr ihn hier beschuldiget? Es ist kein Wunder, daß euch der Herr in Blindheit übergibt und daß ihr ihm nicht gehorsam seid, weil ihr nicht anders von ihm haltet. Welch große Schande!

Zum dritten. So ist es aus der ganzen Rede klar genug, und ohne alle Mühe gut zu begreifen, wohin Christus diese seine Rede gerichtet hat. Nämlich, weil er ihn erstlich nach seinem Gebrauch auf die Gebote des Gesetzes angewiesen hat, jetzt nunmehr vom Gesetz weiter auf das Evangelium hat führen wollen, als wenn er sagte: Wenn du gleich alle Gebote von Jugend auf gehalten hast, wie du gesagt hast, so ist es doch nicht genug, sondern es fehlt dir noch ein Wichtiges, welches im

Gesetz erfordert, und nun in der Vollkommenheit des Neuen Testamentes auch sein muß, nämlich, daß du hingingest und verkauftest alles, was du hast und gäbest es den Armen. Denn du das tust, soll dir nicht nur eine zeitliche Vergeltung, sondern der Schatz im Himmel dafür werden. Denn Lukas setzt das Wörtlein noch griechisch. Es fehlt dir noch eines, welches mit sich bringt, daß alles, was er bisher nach dem Gesetz getan habe, jetzt im Evangelium noch etwas weiteres und vollkommeneres Verhalten erfordern werde.

Und also ist offenbar, daß alles eitel, falsch und Vermessenheit ist, was diese zur Befestigung ihrer Meinung hervorbringen, daß diese Lehr allein den Jüngling angehe. Ich will aber über das alles noch zum klaren Verständnis mit Gottes Wort beweisen, daß diese Lehr Christi alle Gläubigen angeht. Das ist wohl aus den folgenden Worten dieses Textes, und auch aus andern Schriften und Exempeln des Evangeliums zu sehen.

Was nun den folgenden Text anbelangt, so bringt's derselbe durchaus mit sich, daß diese Lehr *„Verkaufe alles, was du hast, gib's den Armen und folge Christo unter dem Kreuz nach"* eine allgemeine Lehr sei, die sich alle Gläubigen anzunehmen haben. Erstlich redet Christus um dieser Ursache willen von den Reichen, daß sie schwerlich ins Reich Gottes kommen werden. Jedermann, der den Schatz im Himmel haben will, soll alles verkaufen und den Armen geben und Christo unter dem Kreuz nachfolgen. Dieses die Reichen hart treffen soll, denn sonst hätten sie es leichter hineinzukommen, als die Armen.

Zum andern sieht man's ausdrücklich bei seinem schmalen Weg, welcher allen Gläubigen vorgelegt ist. Denn er hat alles verkauft, den Armen gegeben und folgte Christum unter dem Kreuz nach. Darum dieses mit einem Nadelöhr verglichen ist, und die Reichen diesen Weg schwerlich gehen und darum mit einem Kamel verglichen werden. Zum dritten scheint es aus dem, daß Christus die Ursache anzeigt, warum die Reichen als Kamel schwerlich durch das Nadelöhr ins Reich Gottes gehen werden, das ist, alles verkaufen, den Armen geben und Christus unter dem Kreuz nachfolgen, nämlich, daß ihr Reichtum (Matth. 6,21) ihr Schatz ist, und ihr Herz und Vertrauen daran hängt. Zum vierten, weil die Jünger verstanden, daß jedermann alles verkaufen, den Armen geben und Christo unter dem Kreuz nachfolgen solle, sie sich sehr entsetzten und sagten: Wer will dann selig werden?! Als wollten sie sagen: Das werden nur wenige tun (Matth. 7. 14).

Zum fünften deuten die Worte auch dahin, wenn Christus spricht, daß es bei Menschen unmöglich sei, daß sie von selbst alles verkaufen, den Armen geben und ihm unter dem Kreuz nachfolgen, er es aber den Seinen durch eine lebendige Kraft und Überschwänglichkeit möglich machen werde.

Zum sechsten bringt es die Frage Petri mit, daß sie es auf jedermann gemeint verstanden haben. Darum fragt er den Herrn, weil sie nicht alles verkauften, sondern verlassen und dem Herrn zum Besten übergeben hatten, ob sie daran auch genug getan, und was Trostes dafür haben sollen, oder noch verkaufen müssen?

Zum siebenten redet es nun Christus selbst auf jedermann, da er den Jüngern Bericht gibt, daß es ein Ding sei, ob einer alles verkaufe und den Armen gäbe, oder aber auf solche Weise verlassen, wie sie es getan haben und die Gelassenheit noch weiter erstrecket. Mit solchem verstand ein jeglicher (niemand ausgenommen), der sich nicht allein in Gütern sondern in allerlei fleischlichem Anhang werde gelassen beweisen, soll es hier vielfältig und dort ewiglich genießen.

Zum achten zeigt es Christus auch damit an, daß er zu diesem Handel sagt, alles zu verkaufen usw. die am tauglichsten sind, die in der Welt die Letzten sind, also die Armen; die Widerwärtigsten aber, die hier die Vornehmsten und in großem Ansehn sind.

Wer nun also auf den Zweck aller dieser Reden mit einfältigen Augen, das meint gelassene Herzen, sehen will, der kann es leicht begreifen, daß Christus diese Lehr im gemeinen auf alle Gläubigen geredet hat. Es bringen solches aber auch viele andere Schriften an den Tag, die ich um Kürze willen nur anmerken will: Matth. 6,19; 13,44; Luk. 12,33; 14,33 und 16, schier das ganze Kapitel. Man sieht auch, daß es der Heilige Geist in aller Wahrheit geleitet, und alles, was Christus gesagt, recht gelehrt und erinnert hat und also auch in der Gläubigen Herzen eingeschrieben hat; daß sie es alle angenommen und ihr Leben danach eingestellt haben. Auch viele Gemeinden unter den Heiden haben sich danach gerichtet, wie zu sehen ist in 2. Kor. 8,16-15; Röm 15,27. Es ist deshalb wohl verwunderlich, daß viele Menschen bei solch klarem Licht nicht sehen und wie die Blinden tappen, jetzt dieses, dann bald ein anderes erwischen und sich daran festzuhalten unterstehen. Gott erbarme sich der Einfältigen.

2. Einwand: Der Jüngling wollte zu hoch hinaus

Der Jüngling habe zu hochsteigen wollen

Hätte er nicht weiter gefragt, so hätte ihn der Herr wohl nicht weiter getrieben. Zum andern wollen hier etliche nun ganz weise sein, strafen den Jüngling wunderbarlich und sagen, der Jüngling habe wollen vollkommen sein. Das ist gar zu hoch gefahren, und mehr wissen, als ihm von Natur war gegeben, halten sie ihm deswegen nicht zugute, daß er den Herrn noch weiter fragte und solche Worte aus ihm herauspreßte, und sagen: Hätte der Jüngling nur nicht mehr gefragt und sich mit dem ersten begnügt, so hätte der Herr auch nichts weiteres von ihm begehrt.

Antwort: Sollte der Herr nichts weiter von ihm begehrt haben, als was im Gesetz Mose geschrieben stand, warum hat er dann an vielen anderen Orten eine Gerechtigkeit begehrt, da man ihn nicht gefragt hat? Wenn man nur das 5. Kapitel Matth. ansieht, so findet man, daß Christus das Gesetz vollkommener angegeben und eine höhere Gerechtigkeit als Moses erforderte. Darum ist das nur ein Schlupfwinkel. Dazu erscheinen noch in diesem Einwand, in diesem Schlupfwinkel, zwei große Irrtümer.

Der erste ist, daß sie ein falsches und ungerechtes Urteil fällen über diesen Handel des Jünglings und richten nach dem Fleisch. Das Gute heißen sie böse und das Böse gut. Denn sie sind über ihm und legen ihm Schuld zu, wo er keine hat, außer daß er den Herrn fragte. Da hat er recht getan. Wie solltet ihr euch freuen! Aber diese Richter fragen den Herrn nicht weiter. Sie haben zu viel Sorgen, der Herr möchte ihnen was weiteres sagen, das ihnen nicht lieb wäre. Darnach, wo sie ihm große Schuld geben sollten, daß er nicht getan, was ihm der Herr befohlen hat, davor hüten sie sich wohl. Da gehn sie fein stillschweigend vorüber und machen sich nichts daraus. Denn sollten sie da den Jüngling ungerecht machen, wären sie selbst geschlagen und machten sich selbst Ungerecht. Denn sie tun eben das, was der Jüngling auch tat und würde an ihnen der Spruch erfüllt, der in Röm. 2 steht: *„Darum, o Mensch, magst du dich nicht entschuldigen, wer du bist, der da richtet. Denn worin du einen andern richtest, verdammst du dich selbst; zumal du dasselbe tust, was du richtest."* Darum halten sie an diesem Ort klüglich an sich, wenn der Jüngling zu ihnen um Rat kam. Sie würden ihn wohl nicht also betrüben, wie der Herr ihn betrübt hatte. Sie wüßten ihm wohl anderes zu tun. Was soll man solchen ungerechten Richtern vertrauen, die das Recht nach ihrem Gutdünken biegen, und mehr auf ihren Vorteil denn auf Gottes Willen achten?

Der andere Irrtum, der hier erscheint, ist der, daß sie nicht allein nicht verstehen wollen, was Christus damit meint, wenn er sagt: Willst du vollkommen sein, sondern verkehren es noch und machen ein Laster aus dieser Vollkommenheit, ein Hochfahren und Vermessenheit, als wenn der Herr hat sagen wollen, ei, du bist zu vermessen und zu hoch gestiegen. Das ist aber in dieser Sache weit gefehlt, denn sollte hier das Wort „Vollkommen" ein Hochfahren und Vermessenheit bedeuten, so hätte Christus den Jüngling gelehrt, wie er sollte hochfahrend und vermessen sein. Aber das sei ferne! Diese Vollkommenheit hier ist kein Laster, sondern der Herr siehet auf den Unterschied beider Testamente, da das Neue gegen dem Alten vollkommen ist, dieweil es ein vollkommenes Leben angibt, wie Christus selbst sagt (Matth. 5,17): *„Ihr sollt nicht wähnen, daß ich gekommen bin, das Gesetz oder die Propheten aufzulösen; ich bin nicht gekommen aufzulösen, sondern zu erfüllen, (das ist, vollkommener zu machen)."* Daher schreibt Jakobus 1,25: *„Wer aber durchschaut in das vollkommene Gesetz der Freiheit und darin beharret und ist nicht ein vergeßlicher Hörer, sondern ein Täter, der wird selig sein."* Und Christus lehrt in Matth. 5,48: *„Darum sollt ihr vollkommen sein, gleichwie euer Vater im Himmel vollkommen ist."* Und wie auch Paulus lehrt (2. Kor. 13): *„Ihr Lieben, seid vollkommen."* Und zu den Hebräern 6, 1: *„Lasset uns zur Vollkommenheit fahren."*

Also werden die Kinder des Neuen Testaments die vollkommenen Gerechten geheißen, und in Eph. 4, 13: *„Der vollkommene Mann, der da ist nach dem Maß des vollkommenen Mannes, das da ist nach dem Maß des vollkommenen Alters Christi."* Phil. 3, 15: *„So viele, als unser vollkommen sind, laßt uns also gesinnet sein."* Deshalb ist diese Vollkommenheit nichts anderes, als das neue Leben aus Gott, das im Evangelium besser als im Gesetz erfordert wird und wäre nicht mehr nach dem alten Wesen des Buchstabens, sondern nach dem neuen, wessen des Geistes ist, das dem Neuen Testament dienet. Das wird vollkommen genannt.

Dazu wir viel im Evangelium vermahnt werden. Deshalb will der Herr Christus mit dem Wort *„willst du vollkommen sein"* den Jüngling keiner Vermessenheit verweisen, sondern will ihn unterrichten, daß, wenn er nach dem Evangelium wollte wandeln, welches auch auf bessere Verheißung gestellt ist, den Schatz im Himmel zu bekommen, so werde eine höhere Gerechtigkeit darin erfordert; nämlich, daß er hinginge und alles verkaufte, was er hat und es den Armen gäbe, und Christum unter dem Kreuz nachfolge. Das ist also der einfältigste und lauterste Sinn dieser Worte Christi.

3. Einwand: Alles zu verkaufen, meint die Laster

Das Verkaufen von allem was man habe, soll auf die Neigung der Laster verstanden werden

Zum dritten sagen Liebhaber des Mammons hier auch gleich, wie vorhin in Matth. vermeldet ist, daß man die Worte *„Verkaufe alles, was du hast"* nicht auf die zeitlichen Güter, sondern auf die Neigung zu allerlei Lastern verstehen würde.

Antwort: Es ist hier so klar und gewiß, daß es anders nicht kann verstanden werden. Es ist nicht mal einer Antwort wert, denn Matthäus und Markus setzen die Worte, daß er viele Güter hatte. Und Lukas sagt, er war sehr reich. So redet Christus hernach von den Reichen und denen, die ihr Vertrauen auf Reichtum setzen. So ist nicht zu denken, wann Christus von Meidung der Laster geredet hätte, daß der Jüngling sollte unmutig geworden sein, der sich des Gesetzes so fleißig gehalten. Oder, wem sollte man doch die Laster verkaufen, daß man den Preis den Armen geben könne? In summa, es will nirgends eine Geschicklichkeit haben. Es ist aber in andern Kapiteln dieses Schreibens genugsam darauf Antwort gegeben worden.

4. Einwand: Nur hier wird von „allem" geredet

Das Wörtlein „alles" werde nur hier gefunden

Zum vierten sprechen auch etliche mit großem Unverstand, es stehe sonst an keinem Ort, als nur hier, das Wörtlein „alles", daß man alles verkaufen solle. Daraus man wohl verstehen kann, daß es kein Gebot sei, sonst würde es wohl öfter in der Schrift gefunden werden. O Blindheit! Vermeint man denn, wenn etwas nur einmal geschrieben steht, daß es dann nicht öfter vom Herrn Jesus den Aposteln gelehrt worden sei? Oder vermeint man, daß man nicht schuldig sei, zu halten, was nur einmal gelehrt ist? So müsse man gar nicht zulassen können, daß ein Gläubiges bei einem Ungläubigen wohnt! So wäre man nicht schuldig, wenn man betet oder prophezeit, daß der Mann mit unbedecktem und das Weib mit bedecktem Haupt sei – das findet man nur einmal befohlen. So dürfte man es auch nicht ernst nehmen, daß Bund und Bruder nicht sollten vor den

Weltlichen rechten dürfen, denn das findet man nur einmal verboten. Also ungeschickt und verkehrt ist man, wenn man sich der Wahrheit widersetzt. Darum ist es eine große Blindheit, wenn man also redet.

Und abermals ist es eine große Blindheit, wenn man sich aus Liebe zum Eigentum beredet, es stehe nur einmal und sonst nirgends als hier. So besehe man doch diese folgenden Orte: Erstlich, bald nach diesem Text steht im 27. Vers: *„Siehe, wir haben alles verlassen"*, zweitens steht da, daß der Mensch vor Freuden über den Schatz hinging (Matth. 13,44) und drittens, alles verkaufte, was er hatte und kaufte die Perle (Mark. 12, 44). Die arme Witwe legt alles (viertens) was sie hat, in den Kasten (Luk. 14, 33). Fünftens: *„Ein jeglicher unter euch, der nicht alles absagt, allem, was er hat, kann nicht mein Jünger sein."* (Luk. 14,33).

Also, die da gläubig worden waren (sechstens), waren beieinander und hielten alles gemeinsam (Apg. 4,45). Siebentens, auch keiner sagt von seinen Gütern, daß sie sein wären, sondern es war ihnen alles gemein. Ein jeglicher, der da kämpfet enthält sich aller Dinge (1. Kor. 9, 25 – achtens), allein darum, weil sie eine vergängliche, wir aber eine unvergängliche Krone empfangen werden. Levi, der Zöllner, verließ alles (Luk. 5, 28) und gab die Habe für Almosen (neuntens u. zehntens). Ein griechischer Text sagt: *„Gebt alle Habe in Almosen, so ist euch alles rein"*. *„Verkauft, was ihr habt (elftens und zwölftens), und gebt es in die Almosen."* (Luk. 12, 33). Ananias und Saphiras mußten sterben, da sie nicht alles übergaben (Apg. 5,1-11). *„Des*

Menschen Sohn hat nicht, da er sein Haupt hinlege" (Luk. 9,58 – dreizehn). Das ist alles verlesen.

Soll man nunmehr sagen, daß es nur an einem Ort stehe? Oder sollte man hieraus ein rechtes Nachdenken und ein Entsetzen bekommen, so man anders Gott und Christus nur ein wenig liebt, und erkennen, in welcher Blindheit und Unwissenheit man so lange Zeit gelebt habe?

5. Einwand: Wer sind denn die Armen?

fragt wer die Armen seien, denen man alles geben soll

Wir sehen die Armen nicht. Man könne im Eigentum den Armen und sonst mehr Gutes tun.

Zum fünften. So krümmt sich der Mammon wie ein Wurm über dem Wörtlein „Arme" und kann gar übel damit zurechtkommen; macht sich so fromm, als wenn er schier nichts tut, als daß er mit den Armen umginge. Jetzt weiß er nicht, wer die Armen sein müssen, denen man die Güter geben sollte. Jetzt hat er durch sein fleischliches Nachdenken befunden, daß wir nicht die Armen sind, denn wir sind alle reich. Jetzt erwägt er's, daß es nicht zu tun sei, daß man alles auf einmal solle hingeben, denn man könnte hernach den Armen nichts Gutes mehr tun. Man könnte im Eigentum mehr Gutes tun. O der Gleißnerei und falschen Weis`!

Es ist dir um die Armen zu tun, wie dem Judas, der auch also für sie reden konnte. Er meinte aber nicht die Armen, sondern sich selbst. Und also rechtfertigt man sich vor den Menschen (Luk. 16), aber Gott kennt die Herzen. Denen muß man's jetzt befehlen bis auf seine Zeit, da Gott das Verborgene des Menschen durch Jesum richten wird.

Was das erste anbelangt, wenn sie fragen, was das für Arme sein müssen, denen man das Gut geben solle, das ist zum verwundern. Bedenkt doch das, wenn ihr die Armen nicht kennt, daß euch der Herr an jenem Tag auch nicht kennen wird. Solltet ihr aus Joh 12,8 nicht sehen, daß mit dieser Art zu reden des Herren Christi Armen gemeint sind (auch 1.Kor. 13,3)?[3] Denn als Judas von wegen der Salbe murrete, daß sie nicht um 300 Pfennig verkauft sei und es den Armen gegeben wäre, sagt Johannes: Judas sagte das nicht, da er nach den Armen fragte, sondern er war ein Dieb und hatte den Säckel und trug, was gegeben ward. Es ist hiermit offenbar genug, daß Judas wohl gewußt, und auch dahin gedacht und geredet hat, wenn ihm etwas zukommen sollte.

Zweitens. Oder solltet ihr dem Herrn Christum seinen Jüngern und Nachfolgern so ungünstig sein (denen doch Handreichung ist geben worden, Luk. 8,3), daß ihr es für unrecht wollt achten,

---

[3] Er bezieht sich wohl darauf, „Die Armen habt ihr **allezeit bei euch**" – also in der Gemeinschaft der Jünger. Auch 1.Kor 13,3 sieht er in diesem Licht. Ich ergänze 1.Joh 3,16-17, wo die Bruderliebe im Teilen der zeitlichen Güter besteht.

wenn der Jüngling sein Gut in des Herrn Beutel, welchen Judas trug, gegeben hätte? Wo bleibt die Lehr und Liebe?

Drittens. Könnt ihr es aus diesem noch nicht sehen, so lest das 25. Kapitel Matth. und erwägt, wer die Gesegneten und die Verdammten sind; welchen man geben oder nicht geben soll.

Viertens. Und so euch das noch nicht genugsam ist, so gehet gen Jerusalem in die Schule. Da ist der Heilige Geist Lehrmeister, und sehet wohl darauf, wie er seine Kinder gelehrt habe, und wo sie ihr Gut hingeben sollen. Da wird niemand übles lehren, denn er nimmt's nur von dem, was Christus ist und verkündiget es seinen Kindern.

Daß sie aber fürs andere sagen, wir (die Gemeinde) sind die Armen nicht, sondern wir seien alle reich und ziehen aber den Spruch Christi an: *„Die Armen habt ihr allezeit bei euch."* Da ist ihre Leichtmütigkeit sehr zum verwundern. Jetzt sind wir ihnen zu reich, dann zu arm; wie es paßt, so machen sie es mit uns. Wenn sie das Ihre den Armen geben sollen, sind wir die Reichen. Sollen sie dann mit uns Reichen (wie sie sagen), reich werden, so kehren sie es herum und wir müssen die Armen sein, ja, die allerelendsten Sklaven, die nur von der Gnade leben müssen, die nichts haben, denn was man ihnen gibt; die nicht so viel haben, daß sie einem guten Mann nur einen Trank Bier geben könnten. Also rücken sie uns einmal hin, das andere mal her. Klagt man, so trauern sie nicht. Pfeift man ihnen, so tanzen sie nicht. Doch ärgert sie das allwegs mehr, daß wir ihnen zu arm, dann zu reich seien. Der Herr sei gelobt, daß wir die

Armen sind (2.Kor. 6,10), die doch viele reich machen und die da nichts haben, und doch alles innehaben.

Was den Spruch Christi belangt, da er sagt, die Armen habt ihr allezeit bei euch, da tut ihr gleich, als ob euch Christus fleißig damit warnt, daß ihr den Armen nicht zu viel geben sollt, damit sie arm bleiben, und ihr allezeit Arme haben könnt. O, der unverschämten Weis'! So klug sind wir bisher noch nicht gewesen und die Gläubigen zu Jerusalem auch nicht. Den Armen, die um des Glaubens willen zu uns kommen, helfen wir, daß es nach der Lehre Pauli (2.Kor. 8,14-15) gleich sei. Darum, wenn viele ihres Glaubens wegen beraubt, verfolgt, vertrieben, nackt und arm mit Weib und Kind zu uns kommen, so nehmen wir sie in unsere Häuser auf, setzen sie an unsern Tisch, speisen, tränken, bekleiden, beherbergen und versorgen sie. Ihre Kinder verordnen wir in unsere Schulen, daß sie es haben sollen, wie es andere haben. Und danach sorgen wir nicht für das, daß wir keine Armen mehr sollten bekommen, denen wir Gutes tun können, wie ihr in eurem falschen Schein sorget. Denn wenn jetzt ein Haufen angenommen und versorgt ist, erweckt der Herr bald wiederum einen andern Haufen. Also daß wir (der Herr sei gelobt!) immerdar Arme bekommen (Euch würde bange genug mit ihnen sein, wenn ihr sie aufnehmen solltet), welche wir in keinem Weg verachten, weil der Herr solchen das Himmelreich sonderlich verheißt. Seht doch einmal an, wer unsere Armen sind. Ich geschweige der vielen Krüppel, Blinden, Lahmen, Alten, Kranken, Betrübten, Witwen und Waislein, deren uns der Herr immer einen guten Teil an die Seite stellt (Ihm sei Dank!) und unsere Liebe prüft, ob sie die rechte Art sei.

Daß der Mammon so fleißig erwägt, wo man am meisten Gutes tun könnte und erkennt es (doch sich selbst zum besten), daß er im Eigentum viel mehr Gutes tun kann, als wenn er das Seine alles auf einmal sollte hingeben. O Mammon, Mammon! Man hört dich wohl gehen. Dir selbst kannst du wohl mehr Gutes tun, aber nicht dem Nächsten. Du bist für die Armen nicht so fürsorgend, als für dich selbst. Es ist abermals wahr, was der Herr sagt (Luk. 16,8): *„Die Kinder dieser Welt sind klüger, denn die Kinder des Lichts in ihrem Geschlecht."* Vielleicht hat es der reiche Jüngling auch also mitsamt euch bedacht, und Ananias und Saphira samt den Reichen (Mark. 12,41-44), u.a.m. auch solche Vorsichtigkeit gebrauchen wollen.

Aber der Herr will umbringen die Weisheit der Weisen. Solche Vorsichtigkeit hat weder Christus noch seine Jünger, weder der Heilige Geist noch die Gläubigen zu Jerusalem gehabt, von welchen wir doch die rechte Weisheit, die von der Welt ihnen Torheit ist, lehren sollen, sondern sie sind so einfältig gewesen, daß sie ihr Hab und Gut alles auf einmal dahingaben. O, der Torheit und unwahren Reumütigkeit! Was tut ihr doch immer für eine gute Tat, welche die Gemeinschaft nicht tut, noch tun kann. Doch laßt uns hier die Sache ein wenig ansehn, ob diese vorsichtigen Leute den Armen und sonst mehr Gutes tun können, als die Gemeinschaftler und die Gläubigen zu Jerusalem. Laßt uns etliche Dinge gegeneinander halten, wie man zwei Farben nebeneinander legt, damit man den Unterschied besser begreifen kann. Laßt uns hier die Gemeinschaft und das Eigentum nach der Heiligen Schrift und ihrer beiden Handel und Wandel gegeneinander halten.

1. Die Gemeinschaft unterhält diese Lehr' Christi, da er sagt, man soll alles, was man hat, verkaufen und es den Armen oder in Almosen geben.

Das Eigentum - alles behalten, wider die Lehr' Christi. Kaufet lieber noch mehr dazu. Gerät es wohl, so gibt er von dem übrigen zu Zeiten was in den Gotteskasten.

2. Die Gemeinschaft sucht nach der Lehr des Apostels nicht ihren Nutzen, sondern den Nutzen des Nächsten.

Das Eigentum sucht nur den Eigennutz.

3. Die Gemeinschaft tut allen Fleiß daran, daß ihre Kinder nach der Schrift in guter Ordnung, Zucht und Ermahnung zum Herrn erzogen werden.

Das Eigentum läßt es gehen aus fleischlicher Liebe und großer Fahrlässigkeit, daß es zum Erbarmen ist, schrecklich zu gedenken, und vielen schwerlich zu verantworten sein wird.

4. Wie Gemeinschaft pflegt im Arbeiten und Suchen der Nahrung diese Stücke der Heiligen Schrift fleißig zu unterhalten. Erstlich, daß es mit stillem Wesen geschehe, danach mit den Händen und drittens, daß etwas Redliches geschafft werde. Letztlich, daß man den Dürftigen zu geben habe.

Das Eigentum bringt mit sich, daß man um die zeitliche Nahrung hadert, zankt und sich einer über den andern entrüstet und erbittert. Dies ist nicht mit stillem Wesen. Danach treibt es Wucher, nimmt Zinsen; auch ein Bruder von dem andern. Das ist nicht mit den Händen. Zum dritten hält es unchristliche und den Gläubigen ungemäße Hantierungen, wie Hoffart machen, Rockwaffen machen, malen, Bildschnitzerei und Krämerei, dann Karten- und Brettspiele, Altaren- und Götzenwerk. Das ist nicht was Redliches und läßt letztlich den Dürftigen das wenigste, mehrmals gar nichts davon sehen.

5. **Die Gemeinschaft** pflanzet ein Volk, das gegeneinander untertänig, gehorsam und gutwillig ist, und beweist hiermit die Demut.

Das Eigentum pflanzt ein Volk, das eigensinnig, widerwärtig, hartmütig, ungehorsam und untreu ist und beweist hiermit den Hochmut.

6. **Die Gemeinschaft** hält nun das angenehme Jahr des Herrn, das Jubel- und Frei-Jahr, da kein Bruder dem andern etwas schuldig ist, als Liebe, sondern alles ist gemein.

Das Eigentum hält die unfreien Jahre, da ein Bruder den andern dränget, die Schulden eintreibt, Wucher nimmt, auf Gewinn leihet, auf Bürgschaft, Unterpfand, Schuldbrief und Siegel, welches alles noch mit unbrüderlichen Worten stark muß bekräftigt sein, das wider alle christliche Art, Vertrauen und Liebe ist.

7. **Die Gemeinschaft** hat gute Ordnung und Ehrbarkeit in ihren Versammlungen, daß auch das Geschrei ferne von ihr ist.

Das Eigentum bringt mit sich Unordnung und Unehrbarkeit in ihren Versammlungen, daß oft ein solch Geschrei und Widerwärtigkeit sich erhebt, als wäre ein Haufe Trunkener und unfriedlicher Leute beisammen in einem Krug, das ist in einem Schenkhaus.

8. Die Gemeinschaft tut viel darum, die Völker zu besuchen und sie zur Besserung des Lebens zu verursachen und die Bezeigten aufzunehmen.

Das Eigentum hat mit sich selbst zu tun; mag nicht wohl den Neffen, Nachbarn und Hausgenossen ermahnen.

9. Die Gemeinschaft betrübt die Gierigen, d.h. die Geizigen in ihrem Eigennutz und Wollust, wie Christus den Jüngling betrübt hat.

Das Eigentum steckt sie darein.

10. Die Gemeinschaft lehret, wer im Himmel mit allen Frommen das ewige Leben gemein haben will, der sollte auch hier das zeitliche Gut mit andern gemein haben.

Das Eigentum lehrt, daß ein jeder wie ein Fuchs seine Grube, und wie der Vogel ein Nest für sich selbst haben sollte.

11. Die Gemeinschaft ist vom Heiligen Geist und ein Gebrauch der Gläubigen zu Jerusalem.

Das Eigentum ist von unten her und ein Gebrauch der Welt.

12. Die Gemeinschaft zeigt den Reichen das Nadelöhr und den Armen Gemeindeliebe.

Das Eigentum zeigt den Reichen ein Stadttor und den Armen Eigenliebe.

Lieber, urteile nun selbst einmal, wie wahr es sei, daß man im Eigentum mehr Gutes sollte tun können, denn in der Gemeinschaft. Denn nach dem Wort Christi die Gemeinde zu Jerusalem handelt und das Eigentum das Wort übertritt. (2. Kor. 10). Rühmt ihr euch nicht über das Ziel und wider die Wahrheit? Solltet ihr besser wissen zu tun, als Christus gelehrt, der Heilige Geist angegeben und die vollkommen Gerechten zu Jerusalem gewandelt haben? Laßt euch doch das Eigentumsleben nicht so sehr lieb sein und gefallen, und ganz und gar das Herz einnehmen.

6. Einwand: Die Reichen dürfen ihren Reichtum sehr wohl besitzen

Die Reichen mögen ihren Reichtum wohl besitzen.

Wie nun gehört ist, daß der Mammon dahin gehandelt, daß die Armen nur arm bleiben sollen. Also kümmert er sich besser um die Reichen und handelt dahin, daß sie Christen sind und reich bleiben, das ist, ihr Eigentum für eigen besitzen mögen. Das Nadelöhr, das Christus ihnen gemacht hat, macht er ihnen weit genug, rippelt ihnen die Ohren, redet, was sie gerne hören und lehrt sie ein Evangelium, das sie gerne annehmen; damit auch alle Welt übereinstimmt, damit zufrieden ist und sagt Christus lehret nicht, daß die Reichen ihr Gut verkaufen, verlassen und übergeben, wenn er sagt, daß die Reichen schwerlich ins Reich Gottes kommen werden, sondern nur, daß sie ihr Vertrauen nicht auf Reichtum setzen sollen; und nehmen noch drei andere Sprüche aus der Heiligen Schrift zu Hilfe.

Wir wollen erstlich beantworten, was sie aus Markus anführen und danach die drei angeführten Sprüche vornehmen.

Soviel nun das erste betrifft: Christi Lehr sei nicht, daß die Reichen ihre Güter übergeben sollen, so sie seine Jünger werden wollen, sondern, daß sie nur ihr Vertrauen nicht darein setzen sollen. Das ist die Antwort: Der ganze Text gibt klärlich an, daß des Herrn Christi Meinung sei, daß der Jüngling all sein Gut übergeben solle. Weil er betrübt davon gegangen ist, zeigt Christus an, daß die Reichen solches alles schwer tun werden und deswegen schwerlich ins Reich Gottes kommen. Die Ursache sei, daß die Reichen ihr Vertrauen auf Reichtum setzen.

Welcher Meinung Christi nicht wider, sondern für die Gemeinschaft ist. Denn wer die sind, welche ihr Vertrauen auf Reichtum setzen oder nicht setzen, das macht die Lehr Christi offenbar. Wenn es dazu kommt, daß man alles verkaufen und den Armen geben soll, dann sieht man wohl bald, wer sein Vertrauen auf Gott oder Reichtum setzte. Und ob sich niemand leicht dazu bekennt, so ist es aus dem Text offenbar, daß die, die ihr Vertrauen auf Reichtum setzten, das gleiche tun, wie der Jüngling getan hat: Diese Lehr Christi nicht hören, viel weniger annehmen mögen, da sie alles, was sie haben, nicht verkaufen und den Armen geben wollen, sondern es viel zu liebhaben, es lieber selbst besitzen und noch mehr dazu kaufen (Luk. 12,18). Wenn der Herr von Verlassen sagt, sie nur von Behalten sagen (1.Kor. 2). Sie verlassen es, als verließen sie es nicht und verkaufen, daß sie es besitzen, mit ihren Brüdern erbteilen (Luk. 12,13) und immer noch sagen, was werden wir essen, was sollen wir trinken und womit werden wir uns bekleiden. Die nur von ihrem Überfluß zum Schein zu Zeiten was einlegen (Mark. 12, 44), das sind die Kamele zum Nadelöhr, die Füchse in den Gruben, die Vögel in den Nestern, die ihr Vertrauen auf Reichtum setzen. Darum, wenn sie zum Gastmahl des Herrn geladen werden, so sprechen sie, ich habe einen Acker gekauft, ich habe fünf Joch Ochsen gekauft, ich habe ein Weib genommen (Luk. 14,18). Ja, sie berauben sich nach der Lehr der Gemeinschaft, denn wo ihr Schatz ist, da ist auch ihr Herz.

Also sieht man, daß die Worte Christi den Reichen nicht zu ihrem Vorhaben helfen.

Unter den Schriften so sie zum Behelf anführen, ist die erste, da Paulus dem Timotheus schreibt (1. Tim. 6, 17): Den Reichen von dieser Welt gebiete, daß sie nicht nach hohen Dingen trachten, auch nicht auf ungewissen Reichtum hoffen, sondern auf den lebendigen Gott, der uns dargibt reichlich, allerlei zu genießen; daß sie Gutes tun und reich werden an guten Werken, gerne geben, Gemeinschaftler seien, Schätze sammeln zu einem guten Grund aufs Zukünftige, daß sie ergreifen das wahre Leben.

Mit diesen Worten richtet Paulus kein Eigentum auf, denn er redet hier nicht von reichen Brüdern, sondern ermahnt Timotheus, so sich jemand wollte herzumachen, der reich wäre, daß er es ihnen vorher alles wohl sage, was sich ferner gebühren werde, dieweil es mit den Reichen zu wagen eine gefährliche Sache ist.[4] Sie sind zum Glauben untüchtig und zur Niedrigkeit und Gelassenheit Christi ungewohnt. und wenn sie danach im Glauben nicht bestehen und die Probe des Kreuzes nicht ertragen können, weichen sie wieder zurück und legen der Gemeinde viel Mühe und Trübsal an. Wie Jakobus ermahnt (Jak. 2), daß man nicht zu viel prangen solle, wenn ein Reicher mit einem goldenen Fingerring und mit einem herrlichen Kleid in unsere Versammlung käme. Sind nicht die Reichen die, die euch überwinden und ziehen euch vor Gericht? Verlästern nicht sie den guten Namen, danach ihr genannt seid?

Mit den Armen hat es nicht so große Gefahr. Die hat auch Gott erwählt auf dieser Welt, so sie im Glauben reich sind, zu erben das Reich, welches er verheißen hat denen, die ihn liebhaben.

Deshalb will Paulus, daß Timotheus sich der Reichen halber vorsehen soll, daß ihnen nur nichts verhalten werde, so sich jemand zur Gemein begeben will. In summa, wie es Christus dem reichen Jüngling untersagt hat, also soll es noch nicht unterlassen werden, nämlich, daß sie in Christo nicht mehr werden so hoch herfahren, wie sie es gewohnt sind, groß geachtet, hoch gehalten, zu herrschen und obenan zu sitzen, sondern daß es anders heißen werde, nämlich, daß sie sich

---

[4] „Die Reichen **in der jetzigen Weltzeit**" sind erstens Weltmenschen und zweitens müssen sie das ewige Leben erst ergreifen (1.Tim 6,19)!

niederlassen, vom Nächsten mehr als von sich selbst halten (Luk. 14, 10), andern dienen und untenan sitzen sollen.

Zum andern, daß sie fürderhin sich nicht auf ihren ungewissen Reichtum werden verlassen können, sondern Gott vertrauen sollen. Ob sie sich schon davon lösen, er sie dennoch wie die Vögel speisen und wie die Lilien kleiden wird.

Zum dritten, wie sie vorher mit ihrer Gewalt und Reichtum viel Böses ausgerichtet haben, sie jetzt mit dem ungerechten Mammon viel Gutes tun können.

Zum vierten, wie sie vorhin durch Geiz ihr Gut gesammelt und vermehrt haben, also sollen sie fortan suchen, in guten Werken reich zu werden und zuzunehmen.

Zum fünften, wie sie vorhin an sich gezogen, wie in Sprüche von den zwei Töchtern des Blutegel steht: Bring her, Bring her!), also sollen sie jetzt alles mit Frieden dem gemeinen Nutzen übergeben.

Zum sechsten, wie vorher all ihr Tun nur zum Eigennutz war, also sollen sie jetzt nur den Nutzen des Nächsten suchen, und letztlich, wie sie vorher nur eitlen und vergänglichen Schatz davongebracht haben, also jetzt den Schatz im Himmel haben, wie dem reichen Jüngling auch auf solche Weise verheißen wurde.

Solche u.dgl. Punkte will der Apostel, daß Timotheus den zukommenden Reichen nicht vergesse zu sagen, daß ein Paulus ganz und gar kein Eigentum erlaubt.

Die andere Schrift, so sie anziehen den Reichen, in seinem Reichtum zu versichern (steht in 1. Joh. 3,17): *„Wenn aber jemand dieser Welt Güter hat und sieht seinen Bruder Mangel leiden und schließt sein Herz vor ihm zu—wo bleibt die Liebe Gottes bei ihm?"* Hier vermeinen etliche, es sei nicht anders, denn Johannes lasse es zu, daß in der Gemeinde Reiche und Arme seien.

Antwort: In der Gemeinschaft müssen verordnete Diener, Handreicher, Geber und Regierer sein, welche der Gemeine zeitlich Hab und Gut unter Händen haben und unter alle austeilen, was einem jeglichen nottut, wie es zu Jerusalem auch war. Apg. 6,3, da sie sieben Männer zu diesem Dienst verordneten, und Christus den Judas dazugestellt hat. Von welchen Amtsleuten der Gemeinde Paulus an die Römer im 12. Kapitel schreibt. Gibt jemand, so gebe er einfältig, regiert jemand, so sei er sorgfältig, tut jemand Barmherzigkeit, so tue er es mit Lust, und hängt noch hinzu ein feines Pünktlein, daß die Liebe in diesem ungefärbt und ungefälscht sein solle, gleichwie hier Johannes auch tut. Er schreibt solchen Brüdern und Amtsleuten zu, daß sie lauter und rechtschaffen nach der Liebe Art handeln, die Dürftigen bedenken und einem jeglichen was ihm not ist, geben sollen; auf daß, wenn sie dienen, sie sich selbst eine große Freudigkeit im Glauben an Christum erwerben.

Die dritte Schrift damit sie die Reichen bei ihrem Reichtum versichern wollen, steht an den Orten Eph. 6,5, da von Herr und Knecht geschrieben ist, wie sie sich gegeneinander verhalten sollen, und wollen hieraus gänzlich schließen, daß es gewiß sei, daß ein Bruder möge ein gläubiger Herr sein und deswegen reich bleiben kann.

Antwort: Hier ist erstlich wohl zu merken, von welcher Herrschaft oder Knechtschaft gesprochen wird. Darnach auch der Unterschied, der sich um des Glaubens willen zwischen Herrn und Knecht zuträgt; denn die Herren haben ihre Knechte, wie es dazumal bräuchlich war, für ihr Geld gekauft, wie sonst ein anderes zeitliches Gut, wie Ochsen, Esel u.a. Davon im Alten Testament viel geschrieben steht. Wenn nun ein solcher gekaufter, leibeigener Knecht gläubig wurde und sein Herr nicht, so hat es sich nicht gebühren wollen, daß der Knecht seinem Herrn entlaufe, sondern hat ihm jetzt treulicher denn vorhin dienen sollen. Und Paulus tröstet und unterrichtet sie in 1. Kor. 7,20 *„Ein jeglicher bleibe in dem Beruf, darin er berufen ist. Bist du als Knecht berufen, sorge dich nicht doch, kannst du frei werden, so brauche es viel lieber. Wenn wer als Knecht berufen ist in dem Herrn, der ist ein Freigelassener des Herrn desgleichen, wer als Freier berufen ist, der ist ein Knecht Christi."* Wenn nun aber ein Herr ist gläubig worden und die Knechte nicht, so läßt es sich ansehen, daß die Herren über ihre Knechte haben Herren bleiben mögen, das ist, daß die Herren ihre ungläubigen Knechte zum Nutzen der Gemeine wohl haben mögen gebrauchen, oder auch wieder verkaufen. Doch will ich hierum mit niemand streiten. Es ist klar, daß Paulus in solchem Fall will, daß die Herren fernerhin beweisen sollen, was recht ist und das Drohen unterlassen sollen, und gedenken, daß sie auch ihren Herrn im Himmel haben, denn wer als Freier berufen ist, ist ein Knecht Christi (1.Kor. 7,22). Wenn aber Herr und Knecht gläubig worden sind, wie der einige Spruch in

1. Tim. 6 steht, so soll es nach dem Schreiben Pauli gehalten werden. Da er des Philemons Knecht, den Onesimus, überzeugt hat und ihn seinem gläubigen Herrn wiederschickt, da setzt Paulus solche Worte: *„Du aber, Philemon, nimm den Onesimus nicht mehr als einen Knecht auf, sondern wie einen leiblichen Bruder."*

Es sind auch noch Wahrzeichen vorhanden, soweit sie sich auf christliche Namen erstrecken, daß solche Knechtschaft abkam und man die Leute nicht mehr auf die Märkte zum Verkaufen führte.

Also sieht man, daß mit diesen Schriften, so sie nach der Wahrheit angesehen, den Reichen nicht viel wird geholfen sein, sondern daß es noch fest bleibt nach Christi Lehre, daß jedermann, der sein Jünger sein will, er sei reich oder arm, alles, was er hat, verkaufe und den Armen gebe, und Christo unter dem Kreuz nachfolgen soll; dazu sich die Armen leichter und die Reichen schwerer werden schicken können. und wird der Herr Christus dieses Nadelöhr keinem weiter machen, sei er, wer er wolle, wie gerne sie es auch weiter hätten, denn der Weg, den Christus zum Himmel gegangen ist und auch uns gezeigt hat, ist schmal, daß ihn wenige finden.

7. Einwand: Erst unter Verfolgungen müssen wir alles verlassen

Man solle erst verlassen, wenn Verfolgungen kommen

Der siebente Einwand betrifft das Wörtlein „verlassen", und das wollten sie gerne dahin haben, es solle erst dann im Werk sein, wenn man durch Verfolgung verlassen muß, und dann sei es nicht vonnöten, daß man sich vornehme, zu verlassen. Das suchen sie mit vielerlei Gründen zu bestätigen, deren wohl etliche Gestalt haben, etliche aber sehr kraftlos erscheinen.

Erstlich sagen sie, daß bei Marco Christus der Verfolgung gedenke. Zweitens sprechen sie, daß man Vater und Mutter ehren und die Hausgenossen versorgen solle. Darauf erscheinet, daß man sie, nach der Schrift, ehe die Verfolgung kommt, nicht verlassen kann.

Drittens, daß viele der Heiligen im Neuen Testament in ihren Häusern gewohnt und dieselben, ehe Verfolgung kam, nicht verlassen haben, denn allein im Vornehmen. Ja, der Apostel habe befohlen, daß man den eigenen Häusern wohl vorstehen und darin haushalten solle.

Zum vierten, daß der Ananias seinen Acker und Geld nur im Vornehmen und nicht in der Tat verkauft und abgegeben habe. Hätte er den Acker doch lieber behalten, wie er war, so hätte er das Geld nicht in seiner Macht gehabt. So hat er nicht den Menschen, sondern Gott gelogen.

Zum fünften sprechen sie, daß gleich wie ein Christ sein Leben vor der Verfolgung allein im Vorsatz, und zur Zeit der Verfolgung erst mit dem Werk verlassen soll; also sei vonnöten, daß ein Christ Hab und Gut zur Zeit der Verfolgung, und eher nur im Vornehmen verlasse.

Diese fünf Ursachen will ich nun erstlich nach Gottes Wort abmessen und durch des Herrn Gnade beibringen, und aus der Heiligen Schrift beweisen, daß Christus alles solches gelehrt hat.

Was das erste anbelangt, daß Christus bei Marco der Verfolgung gedenkt, ist wahr. Es wird aber übel bemerkt, daß Christus nicht meldet, daß man um der Verfolgung willen verlassen solle, sondern daß man es hundertfältig mit Verfolgungen wieder empfangen soll. In der Vergeltung gedenkt er der Verfolgung und gar nicht in der Verlassung, daß die Verfolgung den Gläubigen erst zur Probe kommen soll, nachdem sie sich in Gelassenheit dem Herrn ergeben haben, denn nicht alle Verfolgungen sind ein Kreuz Christi.

Zum andern, was anbelangt, daß man zu den Eltern nicht Corban sagen solle, sondern sie ehren und den Hausgenossen wohl vorstehen und sie deshalb in keinem Weg mit der Tat dann in der Verfolgung verlassen. Darauf ist die Antwort Was den Spruch Corban betrifft (Matth. 15,5), hat Christus denselben zu den Juden gesprochen, da beide, Eltern und Kinder, noch im Eigentum saßen, und unter einem Testament, Gesetz und Gottesdienst waren, wie es in 5. Mose 13 und 19 steht, daß hiermit die Kinder der abgefallenen Eltern nicht verpflichtet sein mußten.[5] Da kann nun ein jeder Verständiger wohl erkennen, daß diese Zurechtweisung des Herrn Christi nicht billig auf seine Gnade bezogen werde, da die Kinder mit allen Gläubigen in einer Religion, Verbündnis und Gemeinschaft vereinigt stehen; die Eltern sich hierin aber zu den Kindern widerwärtig beweisen. Der Herr Christus hat uns genug Unterschied gemacht, daraus wir wohlverstehen können, daß Ehe, Treu und Fleiß, damit man Vater und Mutter, Bruder und Schwester, Weib und Kind und andere Hausgenossen zu ehren, zu lieben und vorzustehn schuldig ist, vornehmlich in dem stehn, daß ein Gläubiger nach erkannter Wahrheit seinen Hausgenossen und Freundschaft auf den Weg zur Seligkeit, soviel ihm möglich, verhelfen soll. Daß er sie auch in der Geduld und Gelassenheit, in der Vergnüglichkeit des Kreuzes und des schmalen Weges Christi unterweisen soll. Paulus sagt, daß er ohne Unterlaß große Traurigkeit und Schmerzen in seinem Herzen habe (Röm. 9,2), daß er wünschte, für seine Brüder verbannt zu sein von Christo, die da seine Freunde nach dem Fleisch und von Israel sind.

Also tat auch Kornelius, da er von Petrus berufen ward, seine Verwandten und Freunde zusammen. Als Petrus kam, fand er ihrer viele, die da zusammengekommen waren. Also wird von dem Königlichen zu Kapernaum (Joh. 4, 59), von der Lydia zu Philippi und dem Kerkermeister (Apg. 16,15) und von Krispus zu Korinth geschrieben(Apg. 18,8), welche den Ihrigen dermaßen sind vorgestanden, daß sie mit ihren ganzen Häusern

---

[5] Das Böse wird ohne Ansehen der Person aus Israel ausgerottet – hier muss man sich als Kind auch von den eigenen Eltern abwenden (Joseph Hausners Argument ist aus den allgemeinen Anweisungen abgeleitet).

sind gläubig worden. Von Abraham zeugt die Schrift, daß er seinen Kindern und Kindeskindern auch so wohl vorstand. Lot tat desgleichen gegen seiner Töchter Männer und Rahel gegen ihre Freundschaft.

Wenn nun ein Gläubiger seinen Fleiß an seinen Freund gelegt hat, so macht es hier von Stund an einen Unterschied. Entweder, daß sie den Gläubigen auch zufallen, oder aber sich zum Glauben ungeschickt beweisen. Fallen sie den Gläubigen zu, so haben sie es so gut, wie andere Fromme, und wird jedermann aus Gottes Wort gelehrt, wie man sich gegen Vater und Mutter, Bruder und Schwester, Weib und Kind, auch in der Gemeinschaft verhalten soll. Wo sie aber nicht den Gläubigen zufallen, so gibt uns Christus eine solche Lösung und berichtet in Matth. 10,13: *„Ist auch ein Haus nicht geschickt, so wird sich euer Friede wieder zu euch kehren. Und wo jemand euch nicht annehmen würde, noch eure Rede hören, so geht hinaus von demselben Haus oder Stadt und schüttelt den Staub von euren Füßen."*

Daher sagt nun Christus auch: *„Meint ihr, daß ich hergekommen sei, Frieden zu geben? Da sage ich nein, sondern Zwietracht; denn von nun an werden fünf in einem Haus uneins sein drei wider zwei und zwei wider drei. Es wird sich der Vater wider den Sohn setzen, und der Sohn wider den Vater; die Mutter wider die Tochter und die Tochter wider die Mutter, die Schwieger wider die Sohnesfrau und die Sohnesfrau wider die Schwieger. Und des Menschen Feinde werden seine Hausgenossen sein. Wer nun Vater und Mutter mehr liebt denn mich, der ist mein nicht wert, und wer Sohn und Tochter mehr liebt denn mich, ist mein nicht wert."* (Matth. 10,34-37).

„Und so jemand zu mir kommt und hasset nicht seinen Vater, Mutter, Weib und Kind, Bruder und Schwester, dazu sein eigen Leben, der kann nicht mein Jünger sein." (Luk. 14,26). Daher wollte Christus einem nicht zugeben, daß er zuvor seinen Vater begrabe und spricht: *„Laß die Toten ihre Toten begraben."* (Luk. 9,60) Warum sagt man auch nicht, daß Christus mit solcher Lehr' wider die Gebote Gottes handelte und eine große Lästerung angerichtet habe? Moses preist den Stamm Levi, daß er von seinem Vater und seiner Mutter spricht: *„Ich sehe ihn nicht, und von seinem Bruder: Ich kenne ihn nicht, und von seinem Sohn: Ich weiß nicht— die halten deine Rede und bewahren deinen Bund."* (5. Mose 33,9). Was soll es uns in Christo nun seltsam sein, der uns alle, die wir ihm ergeben sind, zu Priestern und Leviten gemacht hat, auch solche Lehren vorschreibet, wo auch die Braut Christi ermahnt wird: *„Höre o Tochter, und schaue darauf, neige deine Ohren, vergiß deines Vaters Haus, so wird der König Lust an deiner Schöne haben."* (Ps. 45,11). Gedenke man nun an die herrliche und fromme Gemeinde zu Jerusalem, wie da ein Gläubiger möchte getan haben, der diesen Reden Christi wollte nachkommen; der Vater und Mutter, Bruder und Schwester, oder Weib und Kind hatte, welcher den Glauben hatte. Lieber, wie hat er es machen mögen? Hat er auf Verfolgung gewartet, ehe er sich zu den Aposteln begab? Hat er die Hausgenossen und Gemeinde vor der Verfolgung verlassen?

Es ist hier aber noch eine solche Gelassenheit zu vernehmen, der Eltern und Freunde halber, daß, wenn jemand dieselben schon von der Wahrheit überzeugt und zur Gemeinde bringt, daß er mit seiner Freundschaft nur nicht zu hochfahren will, als wenn es sein Vater, Mutter, Weib, Kind, Bruder oder Schwester allein seien, die vor allen andern den Vorzug haben sollten, da man gar zu anhänglich und fleischlich sein wollte. Da spricht Paulus: *„Von nun an kennen wir niemand nach dem Fleisch."* (2.Kor. 5,16). *„Hier ist kein Jude noch Grieche, hier ist kein Weib noch Mann, sondern ihr seid zusammen eines in Christo."* (Gal. 3,28). Lese man von Christo Jesu in Matth. 12,48-50 wie er von seiner Freundschaft (Verwandtschaft) geredet hat: *„Wer ist meine Mutter, und wer ist mein Bruder? Da er seine Hand ausstreckt über seine Jünger, die um ihn im Kreis herumsaßen, und sprach: Siehe da, das ist meine Mutter und das sind meine Brüder, denn wer Gottes Willen tut, der ist mein Bruder, meine Schwester und meine Mutter."* Siehe auch in Luk. 2,49 und Joh. 2,4 aus welchen man wohl sieht, daß im Glauben Christi Vater, Mutter, Bruder, Schwester und die besten Freunde eben nicht den Vorzug haben sollten. Durch welche Gelassenheit nun auch alle solche fleischlichen Reden abgestellt sein sollten, wie: *„Was, sollt' ich nicht stets bei meinem Manne sitzen, nicht mit ihm essen und arbeiten?" „Sollt' ich mein Weib nicht füran bei mir haben?" „Sollt' ich meine Kinder zu erziehen andern anvertrauen müssen? Das kann ich nicht tun; das kann ich nicht übers Herz bringen."* [6]

Aus welchem allem der Gottesfürchtige, wie ich hoffe, genugsam sehen soll, daß Vater und Mutter, Weib und Kind, Bruder und Schwester auch ohne Verfolgung nach der Lehr Christi sollen verlassen sein.

---

[6] In den hutterischen Bruderhöfen werden die Arbeiten von den Leitern zugewiesen, die Kinder in den Gemeindeschulen erzogen. Bis heute sitzen in den meisten Bruderhöfen Männer und Frauen bei den gemeinsamen Mahlzeiten getrennt.

Zum zweiten, daß die Gläubigen in ihren Häusern gewohnt haben, bis daß sie verfolgt wurden.

Antwort: Obwohl etliche Gläubige in ihren Häusern gewohnt haben, so haben sie dieselben aber nicht für eigen besessen, sondern zum gemeinsamen Gebrauch den Frommen übergeben wie Aquila und Priscilla zu Rom eine Gemeinde in ihrem Haus gehabt haben. Als sie von Rom vertrieben wurden und mit Paulo von Korinth nach Asien zogen und zu Ephesus blieben, hatten sie auch daselbst eine Gemeinde in ihrem Haus. Nymphus zu Kolossä hatte auch eine Gemeine in seinem Haus und Philemon desgleichen. Auch in Jerusalem, da man nicht nur im Vornehmen, sondern auch in der Tat vor der Verfolgung die Häuser und Acker verlassen und übergeben hat, hatten sie doch hin und her Häuser, in denen sie das Brot brachen. Maria, Johanni Mutter (Apg. 12), hatte ein großes Volk in ihrem Haus. Also sieht man auch an der frommen Lydia (Apg. 16). Sobald sie gläubig worden war, bat sie die Apostel, daß sie nicht allein in ihr Haus kamen, sondern daß sie auch dableiben sollten. Dahin kann man auch verstehen, daß Asynkritus, Phlegon, Hermas, Patroba und Merkurius Brüder bei sich hatten. Ebenso Philologus (Röm. 16), Julia, Nereus und seine Schwester hatten Heilige bei sich. Also sieht man auch an Petrum und anderen. Matthäus Levi hatte alles verlassen, und nahm doch den Herrn Christum und viele Zöllner zu sich in sein Haus. Aus allem diesem erscheinet nun, daß die Gläubigen ihre Häuser durch Übergabe derselben zu allgemeinem Nutzen nicht nur im Vornehmen, sondern in der Tat verlassen haben; auch ehe Verfolgung vorhanden war.

Also wird es auch noch in der Gemeinde gehalten. Ist es, daß jemand ein Haus hat, das der Gemeine nicht dienlich ist, so verkauft er's mit Rat der Ältesten. Ist es aber der Gemeine wohlgelegen und nützlich so verläßt er es durch Übergabe an die Gemeinde zu gemeinem Nutzen; wenngleich keine Verfolgung da ist.

Zum dritten, daß Paulus befehle (1.Tim. 3) den Bischöfen, Handreichern[7] und Witwen, daß sie ihren eigenen Häusern wohl vorstehen sollen.

Antwort: Den eigenen Häusern vorstehen bedeutet hier nicht, die Küche versorgen, oder das Haus mit großem Vorrat versehen, sonst hätte der reiche Mann im Evangelium das am besten ausgerichtet (Luk. 12,16-20). Dazu wäre der Herr Christus seinem Haus selbst nicht wohl vorgestanden, der auch Handreichung genommen hat (Luk. 8,3). Ja, alle Armen müßten ärger als die Heiden sein und hätten ihren Glauben verleugnet und möchte kein Armer die Handreichung nehmen, weder im Dienste des Wortes noch wegen Notdurft. Und Paulus selbst hätte gegen sein eigenes Wort gehandelt, da er etliche Gemeinden „beraubt" und zu Zeiten Handreichung genommen hat. So sieht man es auch aus dem, daß ein Bischof nicht in zeitlicher Notdurft der Gemeinde vorsteht. Deshalb ist mit solchen Worten „seinem Hause wohl vorstehen," etwas anderes gemeint, nämlich, daß ein jeder seine Verwandten, Freunde und Hausgenossen im Glauben wohl ziehe, ein gutes

---

[7] Diakone

Vorbild sei, die Seinigen im Guten zu erbauen, wie Kornelius tat, und viele andere mehr, von welchen schon erzählt wurde.

Was aber Paulus in 1.Tim. 5,14 schreibt: *„Ich will, daß die jungen Witwen Ehemänner nehmen, Kinder tragen, haushalten"*, und in Tit. 2,5, *„daß die Weiber häuslich seien"*, damit will der Apostel sie kein eigen Haushalten oder Eigentum lehren, als ob man die Häuser für eigen, wie vorher, besitzen solle. Sehe man den ganzen Sinn aus den vorhergehenden Worten an, daß Paulus an den jungen Witwen diesen großen Mangel befindet, nämlich, daß sie geil seien, daneben faul und lernen durch die Häuser laufen. Nicht allein sind sie faul, sondern auch geschwätzig und fürwitzig, und reden, was nicht sein soll. Welchen allem zuvorzukommen und zu wehren, er dem Timotheus schreibt, daß er wolle, daß die jungen Witwen Ehemänner nähmen, Kinder tragen und haushalten; dem Widersacher keine Ursache geben, sich zu freuen (1.Tim 5,14).

Zum vierten, daß man die Acker samt andern Gütern nicht verlassen soll, denn nur im Vornehmen, bis man durch Verfolgung davongestoßen werde. Und das erscheine aus dem, daß Petrus zu Ananias gesprochen habe: Wäre dir der Acker geblieben, wie er war, so wäre sein Geld nicht in deiner Macht gewesen.

Antwort: Der Acker und das Geld sind in seiner Macht geblieben, gleichwie dem reichen Jüngling seine Güter geblieben waren und in seiner Macht gewesen sind. Also waren in Jerusalem viele, denen ihr Hab und Gut in ihren Händen blieb, denn die Apostel haben niemand gezwungen. Sie blieben aber davon, deshalb sind sie auch nicht des plötzlichen Todes gestorben. Also hätte auch Ananias es in seiner Macht behalten mögen und davonbleiben können. Wer sich aber zur Gemein getan hat, dem ist es nicht frei gewesen, sein Gut wie vorhin zu behalten, denn der andern durfte sich keiner zu ihnen tun; denn der Heilige Geist hat allen Gläubigen gegeben, daß keiner von seinen Gütern sagt, daß sie sein wären, sondern es wäre ihnen alles gemein. Etwas von seinen Gütern zu behalten, wäre dem Heiligen Geist gelogen.

Zum fünften sagen sie, daß gleich, wie einem Christen auferlegt sei, das Leben zu verlieren um der Wahrheit willen, solches aber doch nicht eher erfordert werde, als in der Zeit der Trübsal und Verfolgung, also soll auch alles Gut verlassen werden; doch nur, so es durch Verfolgung hingenommen wird.

Antwort: Das Leben verlassen ist nicht allein das natürliche Leben durch Sterben verlassen, sondern bedeutet auch, den vorigen Wandel, den wir im Unglauben ohne Gott geführt haben, verlassen, wenn man fleischlichen Lüsten und Begierden abstirbt in Christo. Davon gar viel im Evangelium geschrieben ist, welches nicht bis auf die Zeit der Verfolgung soll hingespart werden. Zum andern, ist die Zeit, das natürliche Leben durch die Verfolgung zu verlassen, wenn jemand ihn um des Herrn willen töten will. Also ist es Zeit, daß einer all sein Gut zu gemeinem Nutzen verlasse, wenn jemand da ist, der nach dem Evangelium Christo mit ihm einen Glauben und Gemeinschaft halten will. Viele Schriften und Exempel darum auszulegen wären und schon ausgelegt sind.

Damit sind die fünf Gründe, die sie zur Befestigung gebrauchen, daß man schuldig sei, alles zu verlassen, wenn es um Verfolgung willen und anders nicht sein kann, aufgelöst und widerlegt. Da will ich durch Gottes Gnade auch beweisen, daß Christus die Zeit der Verfolgung hier nicht angesehen hat, sondern schlicht gesagt und dahin geredt, daß man alles verlassen soll um des ewigen Lebens willen; es sei Verfolgung oder nicht Verfolgung. Und das nicht allein im Vornehmen, sondern in der Tat. Denn solches ist aus diesem Text selbst offenbar; auch aus andern Schriften und Exempel.

Im Text steht erstens, daß Christus den Jüngling geheißen hat, alles zu verkaufen, was er hatte, und den Armen zu geben, ehe daß Verfolgung wäre. Dieses hat der Jüngling auch auf die Tat verstanden, und nicht auf das Vornehmen.

Zweitens würde es sich übel schicken, daß einer erst zur Zeit der Verfolgung alles verkaufen würde und es den Armen geben sollte, da er das, was er vorhin hat behalten wollen, jetzt in der Not viel eher selbst bedürfen würde.

Zum dritten hatten es die Jünger (wie sie sagten) verlassen, ehe sie Verfolgung erlitten.

Zum vierten sagt der Herr auch, daß man es hier in der Zeit hundertfältig empfangen werde. Welche Verheißung, wie sie im Eigentum gewiß sollte erfüllt werden.

Also siehet man, daß der Text gar nicht weder im Verkaufen noch im Verlassen auf die Zeit der Verfolgung oder auf ein solches Vornehmen geht. Es sind aber noch andere herrliche Bewährnisse, die solches auch anzeigen.

Zum fünften. In Luk. 14,33 lehret Christus, daß keiner sein Jünger sein kann, er habe denn allem, was er hat, abgesagt und Urlaub[8] gegeben. Wenn nun keine Verfolgung wäre, so könnte auch keiner Christi Jünger sein, wie sie sagen.

Zum sechsten: Die Gläubigen zu Jerusalem haben alles, was sie hatten, verlassen, verkauft und den Armen gegeben, ehe sie verfolgt wurden; nicht im Vornehmen, sondern in der Wahrheit und hier über hundertfältige Vergeltung der Verfolgung gewartet.

Zum siebten: Aquila und Priscilla haben ihr Haus zu Rom der Gemeinde zum Besten übergeben, ehe Verfolgung war; und als sie dort vertrieben wurden, zogen sie nach Asien und hatten dort wieder eine Gemeinde in ihrem Haus. Deshalb ist die Lehr von Christi von Verlassen gar nicht auf die Zeit der Verfolgung gestellt, noch mit einem untätigen Vornehmen erfüllt, sondern gerade auf alle, die seine Jünger sein wollen, ohne Ansehen der Zeit, geredt.

Also haben wir nun vielerlei Listigkeit und Anschläge des eigentümlichen Haushalters durchschaut, den Mammon zu erhalten, dessen Eigentum gegen die Gemeinschaft streitet, und sonderlich die Schrift vom reichen Jüngling an vielen Orten bestreitet, die Wahrheit verdunkelt und hoffen, daß die Liebhaber der Wahrheit hier wohl sehen sollen, daß Christus den

---

[8] Urlaub = Abschied

Jüngling und uns hiermit die wahre Entledigung und gemeinsame Darreichung der zeitlichen Güter gelehrt und angewiesen habe.

4. Almosen und Halljahr

Christus lehre die Gemeinschaft bei den Almosen des Neuen Testaments

Bisher habe ich zwei Sprüche aus der Heiligen Schrift behandelt, womit Christus die Gemeinschaft der zeitlichen Güter gelehrt hat. Folgt jetzt die dritte Schrift, welche von den Almosen des Neuen Testaments handelt, da Christus einen großen Unterschied macht und eine viel bessere Vollkommenheit lehrt, als vorhin im Alten Testament erfordert war. Wiewohl die Armen im Gesetz auch sind bedacht worden, so ist es jetzt aber bei den vermeinten Christen dahin gekommen, daß sie bei weitem die Almosen nicht ausrichten, wie es nur das Gesetz vermocht hat. Also, daß Christus auch über sie sagen müßte: *„Ihr sollet nicht meinen, daß ich euch vor dem Vater verklagen werde (als ob ihr mein vollkommenes Gesetz des Evangeliums nicht gehalten hättet, und sonst nach dem Alten Testament aufrichtig gewandelt wäret). Es ist einer, der euch verklagt, Moses, von welchem ihr hoffet."* (Joh. 5,45). Das alte Gesetz hat den Armen eine herrliche und angenehme Ordnung gemacht, daß alle sieben Jahre ein Halljahr sein soll, daß sich die Armen wieder erholen und zurechtkommen möchten. Alle Schulden würden erlassen und ein jeder setzt sich wieder in sein väterlich Erbgut ungehindert ein.

Welches angenehme Jahr des Herrn durch die vollkommene Liebe jetzt im Evangelium allewegen sein sollte, ein freies Halljahr am andern, daß kein Bruder dem andern etwas schuldig wäre, außer Liebe. Aber diesen Tag des Heils und angenehme Jahr des Herrn wird wenig geachtet. Jetzt sind die vermeinten Christen in den unfreien Jahren und drängen ihre Schuldner, geben Almosen vom Überfluß, und das nicht so völlig, als nur das Gesetz vermag.

Der Herr Christus lehret uns aber anders, da er also spricht: *„Gebt die Habe in Almosen, siehe, so ist's euch alles rein;"* (Luk.11,41), denn die Dolmetschung ist nicht recht, die also sagt: gebt Almosen von eurer Habe, als ob man etwas von der Habe geben sollte und das Beste behalten möchte.⁹ Der griechische Text: *„Gebt die Habe in Almosen, siehe so ist euch alles rein."* Nachdem er vorhin von der inwendigen Reinigung am

---

⁹ Das ist eine interessante und wichtige Beobachtung. Der Text lautet nach dem Mehrheitstext: „πλὴν τὰ ἐνόντα δότε ἐλεημοσύνην." – Wörtlich: *„Vielmehr den Besitz gebt der Barmherzigkeit (den Almosen)"* Der Imperativ „gebt" ist im Aorist, einer Zeitform, die allgemein eine punktuelle Aktionsart beschreibt – Almosen zu geben im herkömmlichen Sinn ist jedoch eine regelmäßige Praxis. Eine Einschränkung *„vom* Besitz *etwas"* zu geben, bietet der Text nicht. Auch der Kontext ist wichtig, da es um Reinigung geht. Wie wird ein Gefäß rein? Indem man etwas vom Schmutz darin entfernt, oder allen Schmutz daraus? Der Schmutz im Innern der Pharisäer ist der „Raub" und die „Bosheit" (Luk 11,39). All ihre äußere Frömmigkeit hat keinen Wert, weil sie innerlich böse sind. Wie aber kann das geben vereinzelter Almosen aus dem durch Raub angehäuften Reichtum sie reinigen? Nein! Die Habsucht ist ja die Wurzel alles Übels! Darum: Wer sich vom Besitz und dem Trachten danach reinigt, dessen Frömmigkeit wird ganz rein.

inneren Menschen geredet hat, zeigt er hiermit an, das die rechte Reinigung des Herzens zum guten Teil darin besteht, das man sich vom Schatz auf Erden ledig mache und es für Almosen darlege und den Heiligen zum gemeinen Nutzen; wie den Christus von solcher Reinigung des Herzen in Matth. 6,22 auch redet, das er des einfältigen und schalkhaften Auges gedenke, dadurch der ganze Leib licht oder ganz finster ist. Christus will das Herz von zeitlichen Schätzen, weltlichen Sorgen gereinigt und einfältig haben, da sonst das ganze Tun finster und unwissend bleibt.

Also redet Christus auch in Lukas 12,33: *"Verkauft, was ihr habt und gebt Almosen."* Sehe man hierüber an, was im Tempel geschehen und geredet worden ist, da Jesus sich gegen den Gotteskasten setzte und schaute, wie das Volk Geld einlegte. Viele Reiche legten viel Geld ein, und es kam eine arme Witwe, die legte zwei Schärflein ein (die machen einen Heller). Er rief seine Jünger zu sich und sprach zu ihnen: *"Wahrlich, ich sage euch, diese Witwe hat mehr in den Gotteskasten eingelegt, denn alle andern. Denn sie haben alle aus ihren Überfluß eingelegt, diese aber hat aus ihrer Notdurft und Mangel ihre ganze Nahrung eingelegt."* (Mark. 12,43-44)

Bedenke hier, getreuer Leser, warum Christus seine Jünger gerufen und was er hiermit lehren wollte. Nämlich, daß man jetzt im Neuen Testament zur Unterhaltung der Gemeinde Gottes nicht vom Übrigen etwas, sondern alles, was man hat einlegt, es sei wenig oder viel (2.Kor. 8) Denn so der geneigte Mut da ist, so ist er angenehm, nach dem er hat und nicht nach dem, was er nicht hat.

Einwand: Hier gibt sich der Mammon wiederum die Ausrede und geht mit Fleisch und Blut zu Rat, und er findet in seiner Klugheit, daß das Einlegen in den Gotteskasten sich mit dem Einlegen in die Gemeinschaft nicht reffe, denn ihnen ist es nicht zur Unterhaltung des Menschen, sondern um die Gabe an den Tempel zu tun.

Antwort hierauf: Ob ich schon gestehe, daß solches Einlegen zu des Tempels Unterhaltung geschehen sei, so ist der Tempel eine Figur (Sinnbild) gewesen. Der geistliche Tempel dagegen ist aus lebendigen Steinen erbaut, nämlich aus der Gemeinde Christi, zu dessen Erhaltung ein jeder nicht allein vom Übrigen, sondern das ganze Vermögen darlegen soll. Gleichwie Christus beim Austreiben der Käufer und Verkäufer aus dem Tempel im Neuen Testament gelehrt hat, daß nicht Bruder und Bruder einander etwas verkaufen sollen.

Zum anderen sagt man wiederum, daß Christus sie ja nicht habe lehren wollen, daß man alles, was man hat, einlegen solle, sondern hat nur das anzeigen wollen (den Armen zum Trost), daß sie mit ihrem Wenigen Gott ebenso wohlgefallen, wie die Reichen, deren Gabe Gott auch nicht verachte.

Antwort: Wenn Christus mit den Reichen und ihrer Gabe für ein vollkommenes Opfer des Neuen Testamentes gestanden wäre, so hätte er die Reichen besser verschonen sollen, als sie im Gegenteil also aufzudecken, sie schamrot machen und ihre Gabe verringern; daß ihrer aller Opfer miteinander nicht so viel sei, wie die zwei Schärflein der armen Witwe. Wer will hier nun sagen, Christus habe am Einlegen der Reichen ein Genügen gehabt, weil er sie so verkleinerte? Ist deshalb das Vornehmen Christi hier gewesen, daß er seine Jünger und uns alle hat lehren wollen, daß die Armen (denen vornehmlich das Reich Gottes gepredigt wird) vor Gott wohlbestehen, wenn sie nicht tun, wie die Reichen, vom Übrigen, nach dem allgemeinen Brauch der Welt, einlegen, sondern, wenn sie alles, was sie haben – es sei so wenig wie es sein mag – mit treuem Herzen einlegen.

Gegen eine solche vollkommene Einlage, Handreichung und Almosen bringt man einen Einwand: Die zwei Sammlungen zur Handreichung, welche man liest, die den Gläubigen in Judäa geschehen sind, deren die eine die Brüder zu Antiochien, die andere von Macedonia, Achaia und Galatia taten. In der ersten Sammlung ist geschrieben, daß unter den Jüngern beschlossen wurde, ein jeglicher solle nach seinem Vermögen eine Handreichung den Brüdern senden, die in Judäa wohnten. Von der andern Sammlung liest man, daß Paulus befiehlt, auf am Herrntag einzulegen. Ein jeglicher bei sich selbst. Sie sagen, daß hieraus klar erscheine, daß die Gläubigen ihre Almosen nicht gegeben haben, daß sie nicht alles eingelegt haben, sondern ein jeglicher sei noch in dem Seinen gesessen und habe Steuer gegeben, soviel er vermochte, oder was ihm wohlzutun war.

Antwort: Es hat zu Antiochia und Korinth viele unterschiedliche Haushaltungen und Örtlein gegeben, dazu auch viele unterschiedliche Hausvater, unter welchen ein jeglicher beschloß, eine Handreichung zu schicken, nachdem er vermochte, denn es mußte ein jeder auch die Gemeinde bei sich versorgen. Sie haben gesammelt und die Handreichung nicht unter sich selbst, sondern nach anderweitigen Orten in Judäa geschickt. Es geht auch noch in der Gemeinschaft so zu, daß man alle Hausväter anspricht und ermahnt, daß ein jeglicher hergebe, was er vermag, andern damit zu helfen, auf daß es gleich sei, wie Paulus in 2. Kor. 8 lehrt. Also ist es offenbar, daß jetzt im Evangelium die wahren und vollkommenen Almosen nicht nach dem Gesetz allein vom übrigen, sondern nach Art des Geistes, mit allem was man hat, gegeben werden sollen. Es sei viel oder wenig. und Christus hiermit die wahre und freiwillige Darreichung aller zeitlichen Güter, das ist die Gemeinschaft, gelehrt hat.

5. Allem absagen, um ein Jünger zu werden

Christus lehrt die Gemeinschaft im 14. Lukaskapitel

Die drei Schriften hatten wir nun, jetzt folgt die vierte aus Lukas 14,33. Der Text ist also: *„Ein jeglicher unter euch, der nicht absagt allem dem, was er hat, kann nicht mein Jünger sein",* und hat den Sinn, daß keiner ein Jünger oder Lehrling Jesus sein kann; es sei denn, daß er sich des eigenen Besitzes seiner Güter ganz und gar abtue und entsage, gleich wie keiner einen Turm bauen kann, der nicht nach den Kosten fragt, und keiner mit Zehntausend ein Heer von Zwanzigtausend schlagen kann (Luk 14,28-32). Also kann auch keiner der Lehr Christi anhangen, es sei denn, daß er sich aller zeitlichen Güter entsage. Der griechische Text hat solche Wörtlein, die ganz und gar auf das zeitliche Gut gerichtet sind, wie in Matth. 19,21, Luk. 8,3. Da heißt es, nicht allein allem absagen, als wenn's ein Vornehmen ist, sondern es bedeutet soviel, wie sich eines Dings in der Tat zu entledigen, d.h. einem andern zum Verwalten übergeben. Also lehrt hier Christus die ganze Gemeinschaft.

6. Jesu eigenes Vorbild

Christus lehrt die Gemeinschaft mit seinem eigenen Vorbild

Also hoffe ich, mit diesen vier Gründen samt andern angeführten Schriftstellen augenscheinlich an den Tag zu legen, daß Christus die Gemeinschaft, welche in der Absage an die zeitlichen Güter und ihrer freiwilligen Darlegung vielfältig als eine Vollkommenheit des Evangeliums gelehrt habe.

Nun wollen wir auch weiter erfahren, daß Christus mit seinem Leben uns hierin ein Vorbild gelassen hat, denn solches muß auch mit allem Fleiß betrachtet und erwogen werden. Denn wie Christus uns den Willen des Allerhöchsten offenbaret hat, und die Worte, die ihm der Vater gegeben, uns gegeben hat (Joh. 12,49), und alles, was er zu unserer Seligkeit von seinem Vater gehört und uns kundgetan hat (Joh. 15,15), eben also ist er uns auch mit seinem Wandel ein Vorbild geworden. Darum sollen wir tun, wie er getan hat. Er ist der Vorgänger und wir die Nachfolger. Er ist der Weinstock und wir die Reben (Joh. 15,1-11). Zu ihm sollen wir kommen, von ihm sollen wir lernen (Matth. 11,28). An ihm sollen wir wachsen (Eph. 4,16). In ihm sollen wir leben (Röm. 14,8). Ihn sollen wir anziehen (Gal. 3,27). Er ist der Weg, auf dem wir wandeln (Joh. 14,6). Er ist der Herzog des Glaubens, auf den wir sehen sollen.(Heb. 12,2).

Er spricht selbst (Joh. 8,32): *"Ich bin das Licht der Welt. Wer mir nachfolgt, der wird nicht wandeln in der Finsternis, sondern wird das Licht des Lebens haben."* (Joh. 15). *"Wer in ihm bleibt, der bringt viel Frucht, und wer nicht in ihm bleibt, der wird hinweggeworfen, wie ein Rebschoß und verdorret. Man sammelt sie, wirft sie ins Feuer und verbrennet sie."* (Joh. 15,5-6). *"Wer den Sohn Gottes hat, der hat das ewige Leben; wer den Sohn Gottes nicht hat, der hat das Leben nicht."* (1.Joh 5,12). *"Wer da sagt, daß er in ihm bleibt, der soll auch wandeln, wie er gewandelt hat."* (1.Joh. 2,6). Daher ermahnt Paulus uns und spricht (1. Kor. 11,1): *"Seid meine Nachfolger, wie ich Christus nachfolge"*, und abermals (1.Thess. 1,6): *"Ihr seid unsere Nachfolger in dem Herrn."* (Joh. 12,26): *"Wer mir dienen will, der folge mir nach, und wo ich bin, da soll mein Diener auch sein."*

Da wir nun aus diesem allem sehen, daß wir nach dem Vorbild oder in seinen Fußstapfen wandeln sollen, so wir seiner Seligkeit wollen wahrhaftig werden, so sollen wir auch an allen Dingen nicht vorübergehen und unterwegs lassen, daß Christus mit seinen Jüngern einen gemeinsamen Beutel gehabt hat, und daß er dem Judas verordnete, denselben zu tragen, und alles, was gegeben war. Weil alle Gaben und Handreichungen nicht mit Worten benannt worden sind, als nur, daß es den Armen gegeben wurde, so können wir mit Wahrheit wohl verstehn, daß Zachäus sein halbes Gut, gleichwie Maria Magdalena, Johanna und Susanna und andere mehr in den Beutel des Herrn gegeben und Christus die vollkommenen Almosen für die Armen meint, davon er in Luk. 11 + 12 und auch in Mark. 10 spricht, und seine Apostel ihre Güter zu des Herrn Bestem verlassen haben. Davon Judas mit des Herren Rat, was not war zu ihrem gemeinen Nutzen, kaufte und den Armen zu geben gepflegt hat. Ja, der Herr Christus hat sich solcher Güter nicht anders, als zum gemeinsamen Nutzen angemessen, und sich als einer, der da nichts hat, bewiesen, *obwohl* er alles in seiner Macht hatte. Solches ist offenbar aus Luk. 9,58 da er diese Gelassenheit einem Schriftgelehrten auf dem Weg vorstellt, der zu ihm sprach: „*Meister, ich will dir nachfolgen, wohin du gehest. Da sprach Jesus zu ihm: Die Füchse haben Gruben, und die Vögel unter dem Himmel haben Nester; aber des Menschen Sohn hat nicht, wo er sein Haupt hinlege.*" Als wollte er sagen: „*Du siehst, wie es um mich bestellt ist, und also wird es mit meinen Nachfolgern auch sein. Gefällt es dir auf solche Weise, so magst du mitkommen und mein Nachfolger werden.*" Wollte er aber wie die viehischen und hochgeflügelten Menschen seine eigene Grube und Nest haben, so mög' er's wohl lassen anstehn, denn bei ihm findet er's nicht also.

Also bittet Christus in seinem ernstlichen Gebet seinen Vater für seine Jünger, und auch für alle die durch ihre Worte an ihn glauben, „*daß sie nur alle eines wären, gleich wie wir, spricht er, eins sind. Der Vater in mir, und ich in dir. Daß auch sie in uns eins seien, ich in ihnen und du in mir; auf daß sie vollkommen seien in eins.*" (Joh 17,21)

Da er oben auch gesagt hat, alles, was mein ist, das ist dein, und was dein ist, das ist mein (Joh 17,10) – damit Christus anzeigt, wie eine vollkommene Einigkeit und Gemeinschaft zwischen ihm und dem Vater sei, daß also auch alle Gläubigen ein Herz und eine Seele und eine wahre Gemeinschaft wären (1. Kor. 12, 24). Ja, wie Glieder an einem Leib zusammengefügt sind und an Christus um das Haupt gewachsen sein sollen, da keine Zwietracht am Leib, weder im Göttlichen noch Zeitlichen ist, sondern die Glieder füreinander gleiche Sorge tragen.

Die Gelassenheit und Gemeinschaft Christi stellt Paulus auch den Korinthern zur Nachahmung vor, da er spricht: *„Ihr wisset die Gnade unseres Herrn Jesu Christi, daß, obwohl er reich war, ist er doch arm worden um unseretwillen, auf daß wir durch seine Armut reich würden."* (2.Kor. 8,9)

Hieraus ist nun offenbar, daß Christus selbst mit seinen Jüngern in Gemeinschaft gelebt hat, ihnen sein Beispiel zur Nachfolge vorgehalten, den Vater auch hierum gebeten, und die Schrift Pauli darauf hingewiesen hat, daß der Vorgänger, seine Fußstapfen und Exempel niemand betrügen werden, folge man ihm nur sicherlich nach.

Ist nun Christus unser Hirte, der vor uns hergeht, und sind wir die Schafe, so laßt uns nur seinen Eckstein kennen und ihm nachfolgen. Den fremden Stein und Vorbild, der nur vom Eigentum sagt und weist, laßt uns nicht kennen; denn, wenn der Wolf kommt (das Unglück, das Gott über die ungehorsame Welt bringen wird), so flieht er mit seinem Eigentum und besteht nicht. Ist nun Christus der rechte Weinstock, der die Frucht der Gemeinschaft in sich hat, und wir die Reben, so laßt uns nach seiner Art Frucht tragen, und nicht nach den Feldern Gomorra's. Ist er das wahre Licht, das der Welt das Leben gibt, so laßt uns ihm nachfolgen, auf daß wir nicht in Finsternis wandeln. So wir im Lichte wandeln, wie er im Licht ist, so haben wir Gemeinschaft untereinander. Laßt uns tun, wie wir von Christum gelernt haben und wie in ihm ein rechtschaffenes Wesen ist; hinzulegen den vorigen Wandel des alten Menschen, der durch die Lust des Irrtums zerstört wird, um erneuert zu werden in dem Geist eures Gemüts und anzulegen den neuen Menschen, der nach Gott geschaffen ist, in rechtschaffener Gerechtigkeit und Heiligkeit.

Wer nun auf diesem schmalen Wege ist, den Christus selbst gewandelt und der er selbst ist, und seine Pilgerfahrt zubringen wird, der wird auch die Seligkeit, die Christus dadurch erlangt hat, zuwege bringen. Wer sich aber einen geräumigeren Weg erdenket und das Eigentum, darin alle Welt wandelt, erwählet, das Vorbild Jesu verachtet, der soll am Jüngsten Tag schwere Rechnung dafür bekommen.

7. Der Heilige Geist stiftete die Gemeinschaft

daß Christus durch den Heiligen Geist nach seiner Verheißung die Gemeinschaft völlig habe angerichtet

Aus diesem allem hoffe ich, soll nun ein jedes fromme Gemüt, das die Wahrheit begehrt, wohl verstehen und sehen können, daß Christus hier auf Erden die Gemeinschaft mit seiner Lehr und mit seinem Leben selbst habe angewiesen. Der Herr hat aber unter solchem allem noch immerdar seinen Jüngern angezeigt, daß seine Lehr, Reich und Wesen erst rechtschaffen sein werden, wenn er nicht mehr bei ihnen auf Erden sein werde, sondern nachdem er von ihnen genommen, zum Vater gegangen und die Herrlichkeit von ihm werde empfangen haben. Es soll durch den Heiligen Geist angestellt werden, den er hernach vom Vater senden wolle, und weiset sie ganz und gar auf das Zukünftige; daß sie darauf sehen und warten, sich ganz daran halten und verlassen sollen, wie der Herr im Johannes Evangelium sonderlich davon spricht: *„Ich hätte euch noch viel zu sagen, aber ihr mögt es jetzt nicht tragen. Wenn aber der Geist der Wahrheit kommen wird, der wird euch in alle Wahrheit leiten. Der wird euch alles lehren. Erinnert euch alles dessen, was ich euch gesagt habe."* (Joh. 16,12-13) *„Euer Herz erschrecke nicht und fürchte sich nicht, weil ich gesagt habe, ich gehe zu meinem Vater. Hättet ihr mich lieb, so würdet ihr euch freuen; denn der Vater ist größer, als ich",* (Joh. 14,1+28) d.h. ich habe beim Vater eine noch viel größere Herrlichkeit einzunehmen, als diese Herrlichkeit, die ihr bisher auf Erden gesehen habt (Joh. 2,11). So ich hingehe, sie zu empfangen, so wird es nicht allein für mich, sondern auch für euch sein. Denn es werden meiner Person nicht allein alle Schmerzen des Todes aufgelöst und das ewige Leben gegeben werden, sondern es wird mir von Gott, meinem himmlischen Vater, alles unter meinen Fuß getan werden, und werde alle Gewalt, auch euch ewiglich zu erretten und selig zu machen, empfangen. Darum soll euer Herz nicht so voller Trauer sein, denn ich sage euch die Wahrheit.

Es ist euch besser, daß ich hingehe, denn wenn ich nicht hingehe, so kommt der Tröster oder Beistand nicht zu euch. So ich aber hingehe, will ich euch nicht als Waislein lassen, sondern will wieder zu euch kommen durch den Heiligen Geist, welchen ich euch vom Vater senden will. Und wenn derselbe kommen wird, der Geist der Wahrheit, der vom Vater ausgehet, der wird von mir zeugen und ihr werdet auch zeugen; denn er wird es von den Meinen nehmen und euch verkündigen. Am selben Tage werdet ihr euch freuen, und eure Freude soll niemand von euch nehmen. An dem Tage werdet ihr mich nicht mehr fragen. Vormals habe ich durch Sprichworte mit euch geredet, es kommt aber die Zeit, da ich nicht mehr durch Sprichworte mit euch reden, sondern euch frei heraus von meinem Vater verkündigen werde. Am selben Tage wird der Geist in euch die Welt der Sünde der Gerechtigkeit und des Gerichts überweisen.

Und gibt uns der Herr Christus vielfältig zu verstehen, daß er alsdann vom Himmel seine Gemeinde in eine rechte Gestalt und Ordnung bringen wolle durch seine Apostel, denn sie sollen in diesem Handel große Werke tun und anrichten, wie es Christus selbst in den Tagen seines Fleisches angerichtet habe. Daher sagt er auch in Luk. 12,49-50: *„Ich bin gekommen, daß ich ein Feuer anzünde auf Erden. Was wollte ich lieber, als daß es schon angezündet wäre, aber ich muß mich vorher taufen lassen, und wie ist mir so bange, bis es vollendet ist."*

Ebenso, zu Jerusalem am Laubhüttenfest, da er am letzten Tag, der am herrlichsten war, auftrat, schrie und sprach: *„Wen da dürstet, der komme zu mir und trinke. Wer an mich glaubt, wie die Schrift sagt, von des Leib werden fließen Ströme des lebendigen Wassers. Das sagt er aber von dem Heiligen Geist, welchen empfangen sollen, die an ihn glauben. Denn der Heilige Geist war noch nicht da und Jesus war noch nicht verklärt."* (Joh. 7,37-39) Deshalb erinnert der Herr seine Jünger wiederum daran, als er von den Toten auferstanden war und spricht: *„Also ist es geschrieben und also mußte Christus leiden und auferstehen von den Toten* *am dritten Tage, und predigen lassen in seinem Namen Buße und Vergebung der Sünden unter allen Völkern. Und anheben zu Jerusalem: Ihr aber seid all dessen Zeugen, und siehe, ich will senden auf euch die Verheißung meines Vaters. Ihr aber bleibt in der Stadt Jerusalem, bis ihr angetan werdet mit Kraft aus der Höhe."* (Luk. 24,46-49) *„Und als er sie wiederum versammelt hatte, befahl er ihnen abermals, daß sie nicht von Jerusalem wichen, sondern auf die Verheißung des Vaters warteten. Denn Johannes hat mit Wasser getauft, ihr aber werdet mit dem Heiligen Geist getauft werden."* (Apg. 1,4-5). Also hat der Herr seinen Jüngern gesagt und alle Sach' dahingestellt, und sie auf ein herrliches Anrichten vertröstet. Diese Reden Christi auch uns billig aufmuntern sollen, daß wir auf dasselbige Werk mit allem Ernst merken und achthaben sollen.

Wie ist es aber erfüllt worden? Was hat sie der Heilige Geist gelehrt, als er kommen ist? Was hat er von dem, was Christus ist, verkündigt? Oder wie hat er Christus erklärt und die Gläubigen in aller Wahrheit geleitet? Was sind das für Flüsse des lebendigen Wassers, die von ihrem Leib geflossen sind?

Das beschreibt Lukas in der Geschichte der Apostel auf solche Weise, daß die Jünger, nachdem Christus gen Himmel gefahren sei, vom Ölberg wieder umkehrten, nach Jerusalem in den Saal gingen und beteten einmütig miteinander, wie Christus um den Heiligen Geist zu beten befohlen hatte, samt den Weibern und Maria, der Mutter Christi und seinen Brüdern

„Und am Tage der Pfingsten waren sie alle einmütig beieinander und geschah schnell ein Getöse vom Himmel als eines gewaltigen

Windes, der daherfährt und erfüllte das ganze Haus, da sie saßen. Und man sah an ihnen die Zungen zerteilt, als wären sie feurig, und setzte sich (der Heilige Geist) auf einen jeglichen unter ihnen, und wurden alle voll des Heiligen Geistes. Und fingen an zu predigen mit anderen Zungen, nachdem der Geist ihnen gab zu sprechen, vor vielen gottesfürchtigen Männern, die aus allerlei Volk, das unter dem Himmel ist, zugegen waren." (Apg 2,1-4)

Was gab er ihnen aber ein zu sprechen? Nichts anderes, als sie vorher von Christo gehört hatten (Joh. 14, 15, 16). Er hat Christus verklärt und von ihm gezeugt. Er hat ihnen Christus verkündigt und leitete sie in alle Wahrheit. Er lehrte sie alles und erinnerte sie an alles, was Christus vorher gesagt hatte dermaßen, daß er ihnen frei heraus vom Vater verkündigt. Er hat sonderlich durch die heiligen Apostel und Gläubigen die Welt der Sünden der Gerechtigteit und dem Gericht überführt, wie er Juden und Heiden der Sünde überführt habe. Davon steht geschrieben in Apg. 2,37, *„daß es ihre Herzen durchstochen und zerschnitten hat."* Durch seinen Tod ist Christus so mächtig geworden, *„daß er dem die Macht genommen, der des Todes Gewalt hat, das ist dem Teufel, und erlöste die von Tod und Hölle, die aus Furcht vor dem Tode im ganzen Leben der Knechtschaft pflichtig waren."* (Heb. 2,14-15) Davon findet man sonderlich in Apost. 10, 14, 19. Wie aber der Heilige Geist in den heiligen Aposteln die Juden und Heiden der wahren Gerechtigkeit (die er nach seiner Verklärung, als man ihn in seiner fleischlichen Gegenwart nicht mehr gehabt noch gesehen hat) überzeugt habe, gelehrt, erinnert und geleitet, das beschreibt Lukas auch in der Geschichte der Apostel, welche Gerechtigkeit in dem Leben und Wandel, den Christus seinen Gläubigen befohlen hat, besteht. Dadurch allein man die Verzeihung der Sünden erlangt, und weil diese Gerechtigkeit weder nach dem Gesetz noch dem Lauf dieser Welt sein soll, wird sie das neue Leben aus Gott, die neue Kreatur, das neue Wesen des Geistes und der neue Mensch in der Heiligen Schrift genannt.

Welche Gerechtigkeit die Apostel mit dem Worte „Buße" ausgedrückt haben, da sie die Heiden und Juden zur Besserung ermahnten, welche nach dem Glauben an Christum geschehen sollte, davon findet man in Apg. 2 und 4.

Diese neue und höhere Gerechtigkeit stehet auch zum Teil in der Liebe, Frieden, Gelassenheit und Gemeinschaft, welche Christus vorher seine Jünger gelehrt, und jetzt durch den Heiligen Geist verkündigt und angerichtet hat. *„Alle Gläubigen aber waren ein Herz und eine Seele, und keiner sagte von seinen Gütern, daß sie sein wären, sondern es war ihnen alles gemein. Denn alle, die da gläubig worden waren, waren beieinander und hielten alle Dinge gemein. Ihre Güter und Habe verkauften sie und teilten sie unter alle, nachdem jedermann not war. Es war auch keiner unter ihnen, der da Mangel hatte, denn wieviele ihrer waren, die da Acker oder Häuser hatten, sie verkauften sie und brachten das Geld des verkauften Gutes und legten's zu der Apostel Füßen. Und man gab einem jeglichen soviel ihm not war. Josef, mit dem Zunamen Barnabas, ein Levit aus Cypern, hatte einen Acker, verkaufte ihn, brachte das Geld und legte es zu der Apostel Füßen."* (Apg. 4,32-37). Ja, entgegen dem Willen der Mammoniten sind sie gleich sowohl in der Apostel Lehre, als im Brotbrechen und Gebet beständig geblieben (Apg 2,42). Man findet auch nirgends, daß jemand Freiheit gehabt hätte, anders zu tun, sondern es steht klar geschrieben daß sich der andern keiner zu ihnen hat tun dürfen (Apg. 5,13). Ananias und Saphira, da sie miteinander eins wurden, den Geist des Herrn zu versuchen, und entwendeten etwas von ihrem Geld, mußten des plötzlichen Todes sterben. Petrus gibt ihnen zu verstehen, daß ihre Tat soviel sei, daß sie den Heiligen Geist geleugnet hatten. Sie hätten besser getan, sie hätten's nie angefangen, sondern hätten ihr Hab und Gut behalten, wie es war, weil das Geld jetzt auch in ihrer Macht war (Apg. 5,1-11). So wie dem Jüngling auch sein Gut geblieben ist und er sein Geld in seiner Macht behalten hat, und ging unmutig davon.

Diese Geschichte, dieses Anrichten, ist eine deutliche Erklärung vieler Reden, Sprüche und Lehren Christi, welche die Fleischlichen nicht verstehen können noch wollen. Er hat sie vorhin auf Erden zum Volk geredet und jetzt vom Himmel mit dem Werk und der Tat gelehrt, erinnert und selbst in der Wahrheit geleitet. Hier sieht man, was Christus mit den Worten vom Verkaufen, Verlassen, vom Verleugnen und Absagen, vom Almosengeben und -einlegen ohne allen Irrtum gemeint hat.

Hierher sollen nun alle Bußfertigen zur Schule gehen, hier ist der Heilige Geist Schulmeister, der nicht lügt noch betrügt, sondern der Geist der Wahrheit ist. Wer einen sicheren und gewissen Grund der Gerechtigkeit erlernen will, die vor Gott gilt und um seine Seligkeit wirkt, der soll ihm hier folgen, denn dieser Geist hat nichts angerichtet, daß er nicht von Christo gehört hat. Sein Werk soll ewiglich bleiben. Wer das annimmt, dem folgt, glaubt und tut, der ist dieses Geistes Kind; ein Geist mit dem Herrn, geistlich gesinnt, mit dem Geist Christi und

Gottes begabt, dieweil er dieser Wahrheit und dem Werk des Geistes untertan und ergeben ist. Wer aber diesem widerstrebt, solches lästert, schändet und leugnet, der widerstrebt dem Heiligen Geist, leugnet und verachtet den Geist der Wahrheit.

Mit diesem Werk sind viele Weissagungen der Propheten und Verheißungen Gottes erfüllt worden. Auf dieses Werk hat der Herr Christus seine Jünger gewiesen und vertröstet, daß alle Wahrheit dadurch solle an den Tag kommen, die zur Gottseligkeit dienet. Jetzt ist das Feuer auf Erden angezündet, davon Christus sagte, daß es nach seinem Tode geschehen sollte. Jetzt ist das Licht recht auf den Leuchter gestellt, daß es allen denen leuchte, die im Hause sind und sie die guten angestellten Werke sehen, die zum Preise Gottes solchen nachfolgen. Jetzt hat die Stadt auf dem Berge unverborgen bleiben mögen. Jetzt ist das Haus des Herrn erst auf die Spitze des Berges gesetzt und über die Hügel erhoben worden, wohin alle Heiden laufen sollen und viele Völker sollen dazugehn und einander also ermahnen: *„Kommt, laßt uns auf den Berg des Herrn gehen, zum Haus des Gottes Jakobs, daß er uns lehre von seinen Wegen, und wir in seinen Fußstapfen wandeln."* (Jes. 2,3) Denn jetzt ist das neue Gesetz von Zion ausgegangen, und das Wort des Herrn von Jerusalem, zu richten unter den Heiden und viele Völker zu strafen; denn in der Wahrheit hat Gott jetzt seine göttliche Weisheit, die ein Geheimnis war und verborgen lag, durch den Heiligen Geist den Gläubigen offenbaret, und ist nichts, das zur Seligkeit not wär', mehr verborgen gewesen. Was Christus vorhin von der Finsternis gesagt, das hat man jetzt im Licht geredt, und was die Jünger vorhin in der Kammer gehört haben, das wird nun auf den Dächern gepredigt, und was vorhin durch Sprichworte gesagt wurde, wird nun frei heraus, d.h. vom Willen des Vaters verkündigt.

Hiermit ist der neue Bund, wie Gott verheißen hat, aufgerichtet und sein Gesetz, das ist das Evangelium, in Sinn und Herz der Gläubigen gepflanzt und geschrieben; und zwar dermaßen, daß sie alle, vom Kleinsten bis zum Größten, den Herrn erkannt haben. Und dürfte niemand seinen Nächsten etwas anderes lehren, und zu seinem Bruder sagen, als daß er den Herrn erkenne.

Wer dieser Lehr', diesem Werk, dieser Gemeinde und Stadt des lebendigen Gottes anhanget, der hängt nicht den klugen Fabeln an. Hier ist nichts aus menschlichem Willen, der aus eigener Auslegung hervorgebracht oder angefangen wurde, sondern was die heiligen Menschen, die Erstgeborenen des Neuen Testaments, die vollkommen Gerechten, getan haben, getrieben vom Heiligen Geist, nicht von Menschen empfangen, sondern vom Himmel durch die Offenbarung Jesu Christi. Hierinnen ist keine Lüge, keine Verführung noch Betrug. Das ist das Allergewisseste und Allersicherste. Ja, der schmale Weg der Wahrheit, den wir nicht verlassen sollen in diesen vielfältigen Irrungen und bösen Zeiten, den haben die heiligen Propheten gesehen. Der Herr Jesus hat darauf gewiesen und ihnen den Heiligen Geist recht vor Augen gestellt. Alle Gläubigen zu Jerusalem haben ihn angenommen und uns ein Vorbild gegeben, darauf wir sicherlich gehen mögen.

8. Die Apostel bestätigen die Gemeinschaft

Daß die Apostel auf das Werk gewiesen haben, das zu Jerusalem unterhalten werde

I. Joh. 2, Hebr. 12

Nachdem wir nun die Lehr und das Leben Christi samt den herrlichen Anrichtungen seines Heiligen Geistes gesehen haben, ist noch übrig, was man im Neuen Testament in den Aposteln und Schriften findet, womit sie zu dieser Gemeinschaft und Vorbild der Gläubigen zu Jerusalem geraten haben.

Wir wollen aber neben anderen herrlichen Zeugnissen, derer wir sonst mehr hätten, nur zwei anziehen. Erstlich, was Johannes in seiner ersten Epistel schreibt von der letzten Stunde (1. Joh. 2,18) und von vielen Widerchristen, die schon in der Welt in der letzten Stunde bei den gefährlichen und greulichen Zeiten von ihnen ausgegangen sind. Darin sich die Frommen wohl werden vorzusehen haben. Er teilt einen guten Rat mit, daß ihnen gewiß und unfehlbar sei, wenn sie nur bei dem ersten Anfang und Grund verblieben. Wer dabei bleibet, bedarf nicht, daß er von jemand weiter gelehrt werde.

Damit man aber desto heller sehen könne, wie Johannes mit seinem Rat auf das Werk des Heiligen Geistes weiset, so will ich erstlich den Text selbst von Wort zu Wort einschreiben und danach eine kurze, einfältige Umschreibung des Textes hinzusetzen.

Der Text lautet also:

„Und ihr habet die Salbung von dem, der da heilig ist, und wisset alle Dinge. Ich habe nicht geschrieben, als wisset ihr die Wahrheit nicht, sondern ihr wisset, daß keine Lüge aus der Wahrheit kommt. Wer ist ein Lügner, als wer da leugnet, daß Jesus Christus sei? Das ist der Widerchrist, der den Vater und den Sohn leugnet. Wer den Sohn leugnet, der hat auch den Vater nicht. Was ihr nun gehört habt am Anfang, das bleibt bei euch. So bei euch bleibt, was ihr am Anfang gehört habt. So werdet ihr auch bei dem Sohn und dem Vater bleiben.

Und das ist die Verheißung, die uns verheißen hat das ewige Leben Solches habe ich euch geschrieben, von denen, die euch verführen, und die Salbung, die ihr von ihm bekommen habt, bleibt bei euch, und ihr bedürft nicht, daß euch jemand lehret, sondern wie euch die Salbung lehret, also ist es wahr und ist keine Lüge, und wie sie euch gelehret, also bleibet bei demselben. Und nun, Kindlein, bleibt bei ihm, auf daß, wenn er offenbar werde, daß wir eine unerschrockene Freiheit haben und nicht zuschanden werden vor ihm in seiner Zukunft." (1.Joh. 2,22-28)

Also war der Text. Seine Umschreibung ist aufs einfältigste also, daß Johannes soviel sagen will: Wollt ihr aber, daß ich euch Gläubigen dieser mancherlei Verführungen und Meinungen halber einen göttlichen Rat mitteile, so ist gewiß und gründlich, daß ihr schon selber wißt. Ihr habt das Muster durch des Heiligen Geistes Werk von Christi als einen Spiegel vor Augen, wie eine christliche Gemeinde sein soll. Dabei euch alles, was zum Leben und zur Gottseligkeit dienet, gegeben ist. Ich habe es nicht für notwendig geachtet, daß ich euch alle Punkte, wie es dazumal gehalten wurde, erzählen und melden sollte, als wenn ihr in solchen Sachen unwissend und unerfahren wäret. Ihr wißt den ganzen Handel, wie die Wahrheit ist, und wisset auch wohl, daß die Wahrheit, die der Heilige Geist angestellt hat, sicher und untrüglich ist und keine Verführung sein kann.

Die sind alle Lügner, die sich selbst und andere betrügen und verführen, die nämlich von dem abstehen was Jesus, alsbald er von Gott zum Sohn und Christi gemacht, das ist verklärt durch den Heiligen Geist, hat, angerichtet. daß die Widerchristen, die in dem, was Christi ist, und vom Heiligen Geist verkündigt war, nicht bestanden sind, obwohl sie sich (doch fleischlich) Christi rühmen. Diese stehen nicht allein Christo den Sohn ab, sondern auch den Vater, denn dieses Werk kommt von beiden. Der Heilige Geist spricht: Christus wird es von den Meinen nehmen und euch verkündigen (Joh. 16,14). Christus hat, den Heiligen Geist, vom Vater gesandt, oder der Vater hat, den Heiligen Geist durch Christum gegeben. Darum, wer dieses Werk Christi, durch den Heiligen Geist angefangen, verwirft, der verwirft beide, den Vater und den Sohn; denn wer den Sohn in seinem Werk leugnet, der es alles aus des Vaters Gnade getan hat, der hat auch den Vater nicht, der es durch Christum getan hat.

Deshalb ist das ohne Irrtum und Verführung, daß ihr nur bei dem fest bleibet, was ihr im ersten Anfang gehört habt. Eben im Anfang, da die Gnade Christi kräftig anhub, denn das ist der rechte Anfang des Wesens Christi (Heb. 3,14; Luk. 24,47), dabeizubleiben, wie sie dazumal gelebt haben und wie es zugegangen ist, bis ans Ende. So derselbige anfängliche Grund, der durch die Salbung, nach dem Jesus ist Christus geworden, gelegt ist und bei euch beständig unterhalten wird, so ist es gewiß, daß ihr nach des Sohnes und Vaters Willen tut; und die allerteuerste und größeste Verheißung Gottes, nämlich das ewige Leben, davonbringen werdet.

Solche Anweisung und Lehr habe ich euch schriftlich mitteilen wollen um etlicher eingeschlichener falscher Brüder willen, die nicht beim ersten Grund bleiben, sondern davon abgefallen sind und einen geräumigeren Weg angenommen haben, die sich selbst und andere verführen, und reden, was die Welt lieber hat und hört. Diese sind von der Welt und die Welt hört ihnen gerne zu, dieweil sie reden, was sie gerne hört. Ihr aber bleibt nur bei dem Grunde und ersten Anfang, von dem man weiß, daß Gott ihn gemacht hat. So der Anfang, den Christus durch die Salbung gemacht hat, bei euch bestehet, so habt ihr Lehre genug, was zur Seligkeit gehört, und bedürft nicht, daß ihr etwas anderes mehr gelehrt werdet. Wie diese Salbung euch eine rechte christliche Gemeinde vor die Augen stellt, also ist es die göttliche und untrügliche Wahrheit, darauf man sich sicher verlassen darf. Das ist gewiß, weil es seine Ursache aus Gott dem Vater hat durch Christus im Heiligen Geist. Darum kann ich euch diesen festen Grund nicht genugsam einschärfen. So gerne wollte ich, daß ihr ihn wohl fasset, darum wiederhole ich es so oft: Verharret fest und unabgezogen bei dem, was der Heilige Geist aus der Lehr Christi anfänglich ins Werk gestellt hat. Meine liebsten Kindlein, merket's wohl, bleibt bei dem; denn so ihr das tut, braucht ihr euch nicht fürchten an dem Tag des Gerichts zu erscheinen, sondern, wenn der Herr Christus mit seiner Herrlichkeit vom Himmel kommen wird, so werdet ihr unerschrockene Freiheit von ihm haben. Es ist der einfachste und sicherste Weg, ja, der ewige Weg, den man wandeln soll. Das ist nun die einfältige Bedeutung dieses Textes. Wer sollte jetzt hieraus nicht leicht ersehen können, so er es nur wollte, wohin Johannes gesehen und worauf seine Rede gerichtet ist?

Das andere Zeugnis, damit man bei den Aposteln die Gläubigen auf die erste Gemeinde zu Jerusalem angewiesen, findet man in Hebr. 12. Da lehrt der Apostel die Gläubigen, daß sie nicht berufen sind, nach dem Gesetz zu wandeln, wie Israel auf dem Berg Sinai mit großem Schrecken und mit dem Mittel Mose unter das Gesetz getan wurde, sondern, daß sie berufen sind, nach dem Gesetz des Neuen Testaments zu wandeln, welches Gott durch den Heiligen Geist zu Zion, oder zu Jerusalem, mit vielen Wundern und Zeichen durch die Hand des Mittlers Jesu angefangen hat. Die Worte des Apostels sind also:

„Ihr seid nicht gekommen zu einem Berg, den man greifen mag und mit Feuer brennet. … Wenn ein Tier den Berg berührte, sollte es gesteinigt oder erschossen werden. Das Gebot war so schrecklich, daß Moses sprach: Ich bin furchtsam und zittere. Sondern ihr seid gekommen zu dem Berge Zion und zu der lebendigen Stadt Gottes, zu dem himmlischen Jerusalem und zu der Menge vieler tausend Engel, und zu der Gemeine der Erstgeborenen, die im Himmel angeschrieben sind, und zu Gott, dem Richter über alle, zu den Geistern der vollkommen Gerechten, zu dem Mittler des Neuen Testamentes Jesu." (Heb. 12,18-24)

Aus allen diesen Worten sollte nun jeder fleißige Sucher leicht sehen können, daß der Apostel die Gläubigen auf den ersten Grund zurückweist, wie es zu Jerusalem gemacht worden ist. Er beschreibt die Ursachen und Umstände des neuen Bundes und der ersten Gemeinde mit vielen herrlichen Titeln und Namen, und will, daß wir gänzlich dahin sehen und uns danach richten sollen, sowohl wie Israel darauf gesehen hat und sich danach hat richten sollen, was auf dem Berge Sinai geschehen, gehört, und angestellt worden ist. Darauf spricht der Apostel: Sehet zu, daß ihr den nicht verachtet, der mit euch redet; denn so ihm nicht entflohen sind, die den verachten, der auf Erden redete (denn Moses war noch auf Erden ein sterblicher Mensch, da er ihnen den Bund, die Satzungen Gottes gab), viel weniger wir, so wir den verachten, der vom Himmel redet. Denn Christus war schon über alle Himmel erhöht und verklärt, und waren schon alle Schmerzen des Todes aufgelöst, als er dieses Werk durch den Heiligen Geist in die Herzen und inneren Sinn der Gläubigen zu Jerusalem gepflanzt und eingeschrieben hat.

Das sind nun die zwei Zeugnisse, die ich vornehmlich den Wahrheitsliebenden besser habe vorstellen wollen, wo die Apostel zurück auf das Werk und auf die Gemeinde in Jerusalem gewiesen haben. Ich will anderer Zeugnisse geschweigen, da Paulus und Johannes dieser Gemeinschaft mit Namen gedenken und lehren, das Niemand seinen Nutzen, sondern den Nutzen des Nächsten suchen soll; wie die Gemeinde mit einen Leib mit vielen Gliedern, die allweg ein jedes nicht sein selbst, sondern des anderen Glied ist, und die Glieder füreinander die gleiche Sorge tragen. Denn wir, die vielen, sind ein Leib und ein Brot. Ferner auch das Beispiel der

Gemeinschaft, die Paulus in seinen Grüßen anzieht. Dieses alles will ich jetzt ohne weitere Untersuchung bei dem lassen. Ich hoffe, daß aus Gottes Wort genug dargetan sei, und wer nicht aus Gott ist, mit mehreren Zeugen soll auch nicht bewogen werden.

9. Schlussworte

Beschluß des Schreibens mit treuherziger Ermahnung

Also habe ich nach meinem Gutdünken, wie ich mir anfänglich vorgenommen, aus der Heiligen Schrift angezeigt, daß die Gemeinschaft, eine Lehre des Evangeliums, vollkommen sei, die im Neuen Testament von allen erfordert werde, welche Lehre Christus vielfältig mit Worten und mit seinem Leben vorgelebt hat, und nach seiner Verklärung durch die heiligen Apostel und durch seine Gläubigen durch den Heiligen Geist völlig angewiesen wird. Also, daß ich des Vertrauens bin, daß alle, die aus Gott sind und sich vor Gott gelassen darstellen, aus diesem einfältigen Schreiben wohl erkennen werden, daß es ein apostolischer Grund und unter den Artikeln des Glaubens nicht umsonst gesetzt sei.[10]

---

[10] Im apostolischen Glaubensbekenntnis heißt es: „Ich glaube an die Gemeinschaft der Heiligen." Das wird aufgrund des Heiligenkultes völlig missverstanden, als glaubten wir an die Fürsprache durch die von der Kirche Heiliggesprochenen. Die Gemeinschaft der Heiligen meint aber tatsächlich das Miteinander der Glaubensgeschwister, die gelebte Gemeinschaft.

Darum, o ihr lieben Freunde, Männer und Frauen, und alle, die ihr von Herzen begehrt, Gott zu fürchten und dem Herrn Christum mit ganzem Herzen, Seel', Gemüt und Vermögen gehorsam zu sein – ich bitte euch um des Herrn Jesu willen, wachet doch recht auf! Erkennet doch die Stimme des Erzhirten, folgt seiner Stimme, glaubt ihm von ganzem Herzen! Denn er selber ist die Wahrheit, die wir glauben sollen; die ewige Wahrheit, durch die wir Gott erkennen könnten. Er ist die Tür in den Schafstall, der Weg, auf dem man zu Gott kommen kann, wie er denn selber spricht: *„Niemand kommt zum Vater, denn durch mich."* (Joh. 14,6) Und Petrus bezeugt den Juden in Apg. 4,12, *„daß in keinem andern Heil ist, und ist auch kein anderer Name den Menschen gegeben, darin selig zu werden, als in dem Namen Jesu."* Und wie wir ihn angenommen, und in ihm gelehrt sind, wie in Jesum ein rechtschaffenes Wesen ist, so sollen wir in ihm wandeln, gewurzelt und fest im Glauben erbauet sein; und uns das Ziel nicht verrücken lassen von dem, der nach eigener Wahl einhergeht und sich nicht am Haupt, Christum, hält. Und wenn ein Engel vom Himmel käme und uns ein anderes Evangelium verkündigte, so soll es uns verdächtig sein, und sollen uns nicht mit allerlei fremden Lehren umtreiben lassen, sondern unsere Herzen im Glauben durch die Gnade Gottes festmachen und gründen und für den Glauben kämpfen, der uns einmal vorgelegt ist. Wir sollen mit Geduld in den Kampf laufen, der uns verordnet ist und auf Jesum, den Anfänger und Vollender des Glaubens, sehen.

Folget nun also eurem Hirten Jesum Christum, und haltet euch nach seinem Vorbild, wie er in der Liebe seines himmlischen Vater gelebt, gewandelt und geblieben ist. Also lebt und wandelt auch ihr und lasset euch durch die geizigen, eigennützigen und geldsüchtigen Feinde der Gemeinschaft nicht aufhalten, weil ihr genugsam aus Christi und seiner Apostel Schriften unterrichtet und gelehrt worden seid. Wie denn auch ich mit meinen obigen Beweisen die Liebe Gottes bezeugt habe mit den Exempeln aus den Evangeliumsgeschichten der Apostel und ihren Episteln, worauf ich den geneigten Leser will gewiesen haben, es für Gottes und nicht für Menschen Wort zu halten.

So bitte ich euch jeden insonderheit, diese meine einfältige, aber doch bestimmte Lehre mit dem ungefälschten Urteil der Wahrheit zu überlegen, und sich nicht von den falschen Menschenerfindungen und eigener menschlicher Weisheit irremachen zu lassen, nachdem in diesen letzten Tagen viele der wahnwitzigen und naseweisen Prediger Christum, Paulus oder Johannes anders verstehen wollen und auch dem Heiligen Geist nicht Raum geben, die dieses Werk, von Vater und Sohn gelehrt und vom Himmel gebracht, in den Aposteln angerichtet und öffentlich durch Wunderzeichen bestätigt haben. Ich glaube und hoffe deshalb sicher und fest, daß derjenige, der dieses Geistes teilhaftig ist und von ihm gelehrt wurde, meinen einfältigen Worten wohl glauben und beistimmen wird.

Darum will ich es beschlossen und den Leser dabei gewarnt haben, die Wahrheit ungetadelt zu lassen. Wen aber nach der Gerechtigkeit und Wahrheit hungert und dürstet, dem wünsche ich den Segen, die Gnade und Barmherzigkeit von Gott dem Allmächtigen durch Jesum Christum, seinem lieben Sohn.

Amen.

Weitere Bücher von FDGC

David W. Bercot – Zurück zum Start

Neben der Bibel kann man freilich keinen Menschen uneingeschränkt empfehlen. Dieses Buch aber gab mir die entscheidenden Anstöße, weshalb ich meinem (mittlerweile) Freund David nicht genug danken kann für all die Mühe, Arbeit und akribische Recherche, die seine eigene Suche nach der Wahrheit kennzeichneten. Sein Buch wurde mir auch ein Wegweiser zurück zu meinem ursprünglich mennonitisch-täuferischen Hintergrund.

"Unser Jahrhundert ist das erste Jahrhundert seit dem ersten Jahrhundert, das so ist wie das erste Jahrhundert."

Wer immer dies sagte, traf den Nagel auf den Kopf. Kaum ein Buch kann dies besser illustrieren als David Bercot's bahnbrechendes Werk Zurück zum Start (Engl. Will the Real Heretics Please Stand Up).

Bercot stellt uns darin den Glauben und die Lebenskraft der Christen in der Zeit vor dem Konzil von Nizäa vor, welche sich in einer Umwelt bewähren mussten, die der unseren frappierend ähnelt. Wie aber steht es dabei um uns? Um unseren Glauben und unsere Kraft? Wir lernen in diesem Buch nicht nur die frühen Christen kennen, berühmte Leiter wie Polykarp, Klemens von Rom oder Irenäus, sondern vor allem uns selbst.

Dabei werden uns so spannende Fragen gestellt wie:

- Ist Richtig und Falsch nur eine Frage der Kultur?
- Warum hatten sie Erfolg, wo wir oft versagen?
- Ist Wohlstand ein Segen oder ein Fallstrick?
- Was glaubten die frühen Christen über die Errettung?
- Wie lebt man als Bürger des Reiches Gottes in dieser Welt?

Taschenbuch: 256 Seiten
Verlag: Books on Demand; Auflage: 2 (2. April 2015)
ISBN-10: 3734748836
ISBN-13: 978-3734748837
Größe und/oder Gewicht: 14,8 x 1,4 x 21 cm

Glaube und ...

Meine erste kritische Auseinandersetzung mit den Kernthesen evangelikaler Theologie verfasste ich bereits 2010, wartete mit der Veröffentlichung jedoch mehrere Jahre, sodass es erst 2015 erschien.

Die Reformation Martin Luthers, auf die Evangelische und Evangelikale sich noch heute berufen, wird oft mit vier markigen Merksätzen zusammengefasst:

- Sola Fide (allein aus Glauben)
- Sola Gratia (allein aus Gnade)
- Sola Scriptura (allein die Heilige Schrift)
- Solus Christus (allein Christus)

Vorliegende "Streitschrift" lag fünf Jahre zur Ansicht bei einer evangelikalen Akademie mit der Bitte um Durchsicht und

Korrektur. Wie eine heiße Kartoffel, scheint es mir, wurde sie intern weitergereicht. Eine Stellungnahme habe ich nicht erhalten.

Verständlich, denn wenn das, was ich hier zur Diskussion (!) stelle, stimmt, sind zwei der Säulen der Reformation (Sola Fide und Sola Gratia) durch die dritte (Sola Scriptura) sowie die Worte der vierten (Christus) widerlegt.

Leider ist das nicht bloß eine akademische Frage, sondern betrifft die Seelen unzähliger Christen, die aufgrund einer falschen Heilssicherheit einen Wandel führen, der vor dem heiligen Gott nicht bestehen kann.

Taschenbuch: 104 Seiten
Verlag: Books on Demand; Auflage: 1 (31. August 2015)
ISBN-10: 3738638644
ISBN-13: 978-3738638646
Größe und/oder Gewicht: 14,8 x 0,6 x 21 cm

Nichts für kleine Kinder

Als mir das Thema des Königreiches Gottes im Zusammenhang des Evangeliums klar wurde, drängte es mich, 2010 ein kleines, leicht verständliches Büchlein zu schreiben, welches suchenden Menschen die Taufe im Licht dieses Evangeliums begreiflich macht.

Diese kurze, aber gründliche Beschreibung der Taufe verdeutlicht ihre radikale Bedeutung im Licht der Botschaft vom Reich Gottes, wie der Herr Jesus es gepredigt hat. Die Taufe ist die Antwort mündiger und entschlossener Menschen auf dieses Evangelium. Rund 600

Millionen Christen weltweit gehören Kirchen an, die eine solche Glaubens- bzw. Erwachsenentaufe praktizieren; und auch in unseren Breiten wird die Taufe von Kindern mehr und mehr infrage gestellt.

Taschenbuch: 76 Seiten
Verlag: Books on Demand; Auflage: 3 (18. Mai 2016)
ISBN-10: 3842329776
ISBN-13: 978-3842329775
Größe und/oder Gewicht: 12,7 x 0,4 x 20,3 cm

Friede sei mit Dir!

Ist das vorliegende Buch eine anspruchsvolle biblische Analyse, so ist dieser Titel eine leicht zu lesende Präsentation des Evangeliums, das Jesus Christus gepredigt hat. Es geht darin auch besonders um den friedfertigen Lebensstil Seiner Nachfolger.

Das Evangelium vom Reich Gottes, bzw. die gesamte Heilsgeschichte der Bibel ist wohl die spannendste Geschichte, die man lesen kann. Aber es handelt sich dabei nicht um Belletristik, nicht um einen unterhaltsamen Roman. Es geht um Wirklichkeiten, denen wir uns stellen müssen. Die Auferstehung und das Königtum Christi sind so real wie unser Tod und die Tatsache, dass wir uns vor Ihm als Richter verantworten müssen. Wie aber gehen wir damit um? Was sollen wir tun?

Taschenbuch: 180 Seiten
Verlag: Books on Demand; Auflage: 1 (19. Mai 2016)
ISBN-10: 3848210525
ISBN-13: 978-3848210527
Größe und/oder Gewicht: 12,7 x 1 x 20,3 cm

Wegbegleiter

Dieses Buch habe ich gemeinsam mit Bruder Harry von unserer kleinen Täufergemeinde in Wien herausgebracht. Es wurde zum Andachts- und Gebetbuch unserer Gemeinde.

Der "Wegbegleiter" ist eine Neubearbeitung des Gebetbuches der "Amish People" und Mennoniten. 1708 das erste Mal unter dem Titel "Die ernsthafte Christenpflicht" erschienen, durchlief es bis heute über 100 Auflagen. Es ist unser Anliegen, diesen bewährten Schatz an Gebeten und Texten unserer Generation neu zugänglich zu machen.

Enthalten sind im "Wegbegleiter"

- mehr als 70 Gebete für das persönliche Andachts- und Gemeindeleben
- erklärende Texte und Impulse zur Andacht
  Vier Lieder über das Gebet
- Ein Traktat über die Heiligung von Gedanken, Worten und Taten
- Die Auslegung von Psalm 25 von Menno Simons
- Eine Darstellung des Glaubens der wehr- und rachelosen Christen (Mennoniten)
- Die Artikel von Schleitheim 1527
- Das Dordrechter Bekenntnis 1632

- Täuferische Spiritualität zwischen Biblizismus und Mystizismus
- Anregungen zum Leben als Hausgemeinden nach den alten Ordnungen

Gebundene Ausgabe: 480 Seiten
Verlag: Books on Demand; Auflage: 1 (16. März 2016)
ISBN-10: 3837058352
ISBN-13: 978-3837058352
Größe und/oder Gewicht: 12,6 x 3,6 x 19,8 cm

Web-Präsenz

Viele weitere Gedanken und Herausforderungen zu einem Glaubensleben, welches auf dem Evangelium des Herrn Jesus beruht und nicht auf einer „Verkürzung" desselben, kann man auf unseren Webseiten finden:

https://hausgemeinde.wordpress.com/

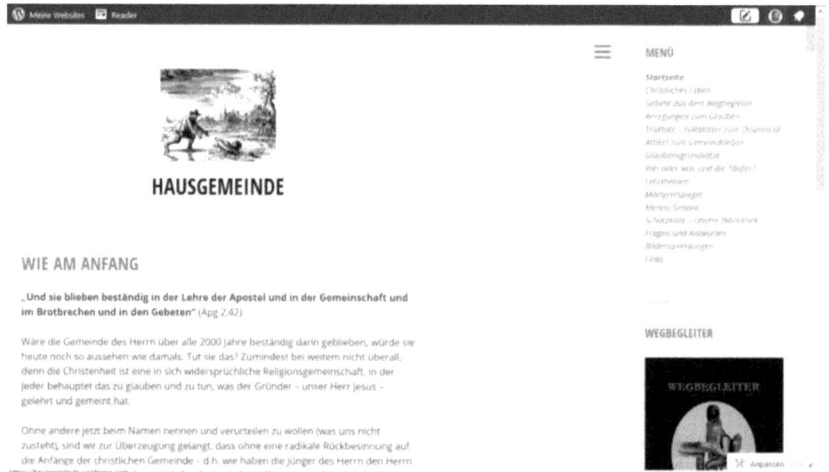

Unser Blog: https://nachfolgerchristi.wordpress.com/